《易经》为群经之首,大道之源,它博大精深古老而深邃,蕴藏着无穷的智慧

易经的智慧

张艳玲 ◎ 改编

民主与建设出版社

·北京·

© 民主与建设出版社，2021

图书在版编目（CIP）数据

易经的智慧 / 张艳玲改编 . —北京：民主与建设出版社，2016.1（2021.4重印）

ISBN 978-7-5139-0940-2

Ⅰ . ①易… Ⅱ . ①张… Ⅲ . ①《周易》—通俗读物Ⅳ . ① B221-49

中国版本图书馆 CIP 数据核字（2015）第 283174 号

易经的智慧
YIJING DE ZHIHUI

改 编	张艳玲
责任编辑	王 倩
封面设计	天下书装
出版发行	民主与建设出版社有限责任公司
电 话	（010）59417747　59419778
社 址	北京市海淀区西三环中路 10 号望海楼 E 座 7 层
邮 编	100142
印 刷	三河市同力彩印有限公司
版 次	2016 年 1 月第 1 版
印 次	2021 年 4 月第 2 次印刷
开 本	710 毫米 ×944 毫米　1/16
印 张	13
字 数	130 千字
书 号	ISBN 978-7-5139-0940-2
定 价	45.00 元

注：如有印、装质量问题，请与出版社联系。

前言 | PREFACE

中国的传统文化源远流长，博大精深，具有顽强的生命力和无与伦比的延续性，虽然历经沧桑、饱经忧患，仍然薪火相传、连续不绝，形成了辉煌的中华文明。《易经》是中国传统文化的重要组成部分，是我国最古老、最有权威、最著名的一部经典，它对今天的我们，依然有着重要的启迪作用。

早期《易经》流行在周朝，所以又被称为《周易》，并被儒家尊为群经之首。关于其作者，《史记》载"文王拘而演周易"，故古人多依司马迁之说而认同《易经》为周文王所著，今人则有不同观点。由于成书很早，文字含义随时代而演变，为此，古人专门撰写了《易传》以解读《易经》。今天我们所说的"周易"通常指《易经》和《易传》两者的结合。

《易经》是有规律可循的。它用"— —"和"——"两个最基本的符号代表阳和阴，分别称为阳爻、阴爻。把—和——叠列三层，卦的三画，代表天、地、人三才。《系辞》说："易之为书也，广大悉备。有天道焉，有人道焉，有地道焉，兼三才而两之，故六。六者非它也，三才之道也。"又说"为三画而三才之象始备"。三画可以形成八种组合形式，叫作八卦。

八卦对于很多人来说是神秘的，卦形也不容易记得住，所以，宋代大儒朱熹专门编了一首《八卦取象歌》：

乾三连，坤六断；

震仰盂，艮覆碗；

离中虚,坎中满;

兑上缺,巽下断。

　　八卦中的每一卦象又代表某一种事物,如乾为天、坤为地、震为雷、巽为风、坎为水、离为火、艮为山、兑为泽。对于每一卦象的含义还可以进一步引申,例如乾既代表天,又可以表示国君、君子、刚健、阳气等。《易传》作者认为八卦主要象征天、地、雷、风、水、火、山、泽八种自然现象,每卦又象征多种事物,并认为"乾""坤"两卦在"八卦"中占有特别重要的地位,是自然界和人类社会一切现象的最初根源,后来便逐渐引申出丰富的哲理。

　　古往今来,对《周易》进行的注解和诠释,可谓卷帙浩繁,汗牛充栋。而且,各家又众说纷纭,莫衷一是,给后人增加了许多理解上的难度。再者,《周易》本来就是在记载古人占卜活动的基础上形成的一部经典,这就更使《易经》蒙上了一层神秘的面纱。在文化繁盛的今天,如何以正确的态度去对待《易经》,如何准确地理解《易经》的真实含义,继承其中所蕴含的精华,成为我们每一位炎黄子孙都应该认真思考的问题。

　　我国著名哲学家冯友兰教授曾说:"《易经》是宇宙代数学。"张岱年教授曾说:"《易经》是中华民族传统文化的最高典籍。"季羡林教授亦曾说:"《易经》是中华民族文化之源。"从古至今,很多人通过研读《易经》获得成功的智慧和方法。本书的目的就在于解析《易经》的智慧对人们在当今社会成就人生中的重要意义。

　　《易经的智慧》从《易经》六十四卦的本意出发,以生动的事例和精到的点评对《易经》中有关如何修身养性、为人处世、齐家立业等方面的思想做了深入浅出的阐释,把《易经》的智慧导入现代社会的生活情境中,帮助读者更透彻地领悟《易经》,用《易经》的智慧来成就事业和人生。

目 录

前言 ··· 1

01　乾卦：自强不息 ·· 1
02　坤卦：厚德载物 ·· 6
03　屯卦：君子以经纶 ·· 9
04　蒙卦：发蒙启智 ··· 13
05　需卦：耐心等待时机 ··· 16
06　讼卦：祸从口出 ··· 20
07　师卦：师出有名 ··· 23
08　比卦：诚心纳才 ··· 27
09　小畜卦：诚信立身 ··· 32
10　履卦：谨慎行事 ··· 35
11　泰卦：内君子外小人 ··· 38
12　否卦：临危不乱 ··· 42
13　同人卦：人以群分，物以类聚 ····································· 45
14　大有卦：居上位而不骄 ··· 48
15　谦卦：保持谦虚美德 ··· 51
16　豫卦：得意不忘形 ··· 54
17　随卦：不可因小失大 ··· 57

18	蛊卦：振民育德	60
19	临卦：胸怀感化之心	63
20	观卦：观民设教	66
21	噬嗑卦：恩怨分明	69
22	贲卦：内外兼修	72
23	剥卦：适可而止	75
24	复卦：迷途知返	77
25	无妄卦：不妄为	80
26	大畜卦：修名不如修德	82
27	颐卦：慎奢节欲	85
28	大过卦：示弱藏锋	88
29	坎卦：注重细节	91
30	离卦：稳中求胜	94
31	咸卦：唇齿相依	97
32	恒卦：持之以恒	100
33	遁卦：适时退避	103
34	大壮卦：君子以"礼"服人	106
35	晋卦：居安思危	108
36	明夷卦：用晦而明	111
37	家人卦：家和万事兴	113
38	睽卦：求同存异	116
39	蹇卦：知难而退	119
40	解卦：学会宽恕	122
41	损卦：量力而行	126
42	益卦：见益则迁，有过则改	129
43	夬卦：该断则断	132
44	姤卦：刚柔相济	135
45	萃卦：勿交损友	138

46	升卦：厚积薄发	141
47	困卦：善于应对困境	144
48	井卦：万事皆有"度"	147
49	革卦：革故鼎新	150
50	鼎卦：知人善用	154
51	震卦：无惧则无畏	157
52	艮卦：不出其位	160
53	渐卦：循序渐进	163
54	归妹卦：永终知弊	166
55	丰卦：日中则昃,月满则亏	169
56	旅卦：忧前顾后,自取灾祸	172
57	巽卦：申命行事	175
58	兑卦：待人要和颜悦色	179
59	涣卦：锦上添花不如雪中送炭	182
60	节卦：成由节俭败由奢	185
61	中孚卦：言必行,行必果	188
62	小过卦：每日自省吾身	191
63	既济卦：未雨绸缪	195
64	未济卦：人贵自知	197

01 乾卦：自强不息

微言大义

乾:元,亨,利,贞。初九 潜龙,勿用。九二 见龙在田,利见大人。九三 君子终日乾乾,夕惕若,厉,无咎。九四 或跃在渊,无咎。九五 飞龙在天,利见大人。上九 亢龙,有悔。用九 见群龙无首,吉。

乾卦,象征天。得此卦大吉大利,和谐坚实。初九 像一条巨龙潜伏在深渊,不能随便活动,暂时不宜施展才能。九二 像一条巨龙出现在田野,有利于大才大德的人出世。九三 君子终日不停地努力奋斗,时刻戒惕忧惧,这样,即使遇到了危险,也可以免遭灾祸。九四 巨龙伺机而动,有时腾跃上跳,有时潜退深渊。九五 巨龙飞上天空翱翔,宜于发现大德大才的人。上九 巨龙飞得太高,必然遭到困厄。用九 天空出现一群巨龙,变化没有穷尽,这样则大吉大利。

象曰:天行健,君子以自强不息。

《易传》认为宇宙间充满了一种刚健的、向上的力量。由宇宙而人生,莫不如此。看到宇宙充满生机,就会领悟到人生有无上崇高的价值和无限丰富的意义。所以,《象传》中有:

天行,健。君子以自强不息。

地势,坤。君子以厚德载物。

《乾卦》上体下体皆为乾,乾为天;天道刚健,君子应效法天道,自立自强,不停地奋斗下去,才能显示出刚与健。这就是《乾卦》九三中说到的"君子终日乾乾,夕惕若,厉无咎"。

《乾卦》分述了从"潜龙""见龙"到"飞龙"的转变过程,意欲以龙为

易经的智慧

喻阐述人生成长的过程,强调只有自强不息才能变成"飞龙"。自强不息是一种健康的、乐观的人生观,正是这样生生不息的乐观精神鼓舞着中华民族,并成为中华民族不朽的精神财富。

春秋时期,东南地区的吴国和越国逐渐发展起来,国力日渐强大。公元前496年,越王允常去世,勾践继位,吴王阖闾乘越国大办丧事、人心不稳之际,带兵进攻越国。越王勾践带着丧父的悲痛积极领兵作战,在战斗中阖闾重伤,临死前,他让伍子胥推选后继之人,伍子胥独爱夫差,便选其为王。阖闾告诫夫差,一定不要忘记为自己报仇。

公元前494年,勾践得知夫差的复仇之心后,决定先发制人,在吴未发兵之前先去攻打吴国。大夫范蠡认为时机不到,极力阻止,但勾践一意孤行,按原计划出兵。谁料,吴王夫差也带兵前去攻打越国。结果,越军被吴国骑兵包围,越国大将战死沙场,夫差执意要灭掉越国,捉拿勾践。此时,勾践已无法脱身,他开始后悔自己的鲁莽举动。危急中,大夫文种建议勾践贿赂吴国太宰伯嚭,让他代为求情讲和。

在伯嚭的美言下,夫差复仇之心有所动摇。这时,勾践带着妻子和大夫范蠡来求见夫差,并献上珍贵的珠宝玉器。夫差不顾老臣伍子胥的劝告,赦免了勾践,罚他一边看守先王阖闾的坟墓,一边放马,晚上就让他住在墓旁的石屋里。

在吴国的三年里,勾践饱受折磨和屈辱,表面上一直对夫差十分顺从和忠诚。夫差认为这样就挫败了勾践的锐气,于是放松了对他的警惕,允许他回到了自己的祖国。

勾践回到越国,立志报仇雪耻。他一方面继续在表面上忠诚于吴王,一方面暗中训练精兵,积蓄力量。他规定在七年内不收赋税,让百姓努力生产增加积蓄,并对生育的人进行奖励,以求增加人口。不仅如此,勾践还亲自到田间种地,他的夫人也穿着自己织的布做成的衣服,他降低身份对待下面有贤能的人,对宾客厚礼相赠,扶助贫困的人,哀悼死难的人,与百姓同甘共苦,为百姓做出榜样。

为了时刻使自己保持清醒,不忘耻辱,也为了激励自己,夜里睡觉,勾

践不再用柔软的被褥，而是躺在柴草里。在他的柴草铺上方悬挂着一个苦胆，每天睡觉之前，勾践都要仰起头尝尝苦胆的滋味，提醒自己不要忘记过去的耻辱。这就是"卧薪尝胆"成语的来历，在十年的时间里，他发展生产，使百姓安居乐业，壮大越国的经济力量；同时又勤于练兵，加强军事力量。越国上下齐心协力，奋发图强，逐渐变得强大起来。

公元前484年，夫差不顾伍子胥的反对，率兵攻打齐国，大败齐军。为了迷惑夫差，勾践亲自到吴国祝贺，夫差高兴之下赏给勾践一块封地。大臣伍子胥看出了勾践的本意而力图阻止，不料却惹怒了夫差。后来，伯嚭又三番五次地在夫差面前诽谤伍子胥，伍子胥被赐死。这样一来，吴王身边就没有得力的忠臣了，这无疑为勾践复仇提供了机会。

公元前482年，吴王夫差到北部的黄池去与其他诸侯会盟，带走了吴国全部的精锐部队，国内空虚，越王勾践趁机攻打吴国，吴国大败。当吴王夫差返回时，又遭到了越军的痛击，夫差派使者求和。由于那时越国的实力不强，勾践接受大夫范蠡的建议，同意吴国讲和。

公元前478年，勾践收复失地，率领军队向吴国发起猛烈的攻击。越军所到之处，势如破竹，所向披靡，吴军一溃千里，越军将夫差包围在阳山

易经的智慧

(今江苏吴县西),夫差派人向勾践求和。勾践为了报仇雪耻,拒绝了吴王的求和要求。夫差无奈之下只得自杀。越王安葬了吴王,杀死了太宰伯嚭。后来,越国凭借自己的实力称霸中原。

尽管春秋时期各国逐鹿中原,存在许多负面影响,但是,越王勾践艰苦奋斗、自强不息、奋发图强的精神和做法,是值得肯定和欣赏的。

一个国家、一个民族要有自强不息的精神,一个人也应该有这样的精神。

《西京杂记》记载了匡衡凿壁借光的故事。匡衡是西汉时期的人,小时候家里穷,没钱上学。后来,他跟一个亲戚学认字,才有了看书的能力。

匡衡买不起书,只好借书来读。那个时候,书是非常贵重的,有书的人不肯轻易借给别人。匡衡就在农忙的时节,给有钱的人家打短工,主人问他要多少钱,他就说,不要工钱,只求借书给他看。主人钦佩匡衡,尽量把书借给他读。

匡衡长大后,承担了养家的责任。他一天到晚在地里干活,只有中午休息的时候,才有工夫看一点书,所以一卷书常常要十天半月才能够读完。为了多看书,匡衡就想利用晚上的时间。可是,匡衡家里很穷,买不起点灯的油。一天晚上,匡衡看到壁缝里透过来了邻居的灯光,就赶紧拿了一把小刀,把墙缝挖大了一些。这样,透过来的光亮也大了,他就借着透进来的灯光读起书来。这就是成语"凿壁偷光"的来历。

匡衡就是这样刻苦地学习,后来成为一名大经学家,并且以研读《诗经》而著名。汉元帝十分喜好儒术文辞,尤其喜爱《诗经》,曾多次亲自听匡衡讲《诗经》,对匡衡的才学十分赞赏,便任匡衡为御史大夫。公元前36年,丞相韦玄成病逝,匡衡又代为丞相,封乐安侯,辅佐皇帝,总理全国政务。

匡衡在艰苦的条件下仍然勤奋读书,正是自强不息精神的体现。

《菜根谭》中说:"处逆境时比于下,心怠荒时思于上。事稍拂逆,便思不如我的人,则怨尤自清;心稍怠荒,便思胜似我的人,则精神自奋。"说的也是自强不息的道理。

处世智慧

　　一个人的能力是有限的,人生的起步阶段也往往是艰难的。但只要我们心中有大志,奋发进取,自强不息,再大的困难都可以克服。不要被一时的困难所击倒,要知道彩虹总在风雨后。

02 坤卦：厚德载物

微言大义

坤:元,亨,利,牝马之贞。君子有攸往,先迷,后得,主利。西南得朋,东北丧朋。安贞吉。初六 履霜,坚冰至。六二 直、方、大,不习无不利。六三 含章可贞。或从王事,无成有终。六四 括囊,无咎无誉。六五 黄裳,元吉。上六 龙占于野,其血玄黄。用六 利永贞。

坤卦,象征地。筮得此卦大吉大利,尤其利于占问雌马之事。君子出行,先则迷失方向,继则寻得所要追求的目标,既顺利又不顺利。直往西南,勿往东北,因为往西南能够遇到志同道合的人,而往东北则遇不到志同道合的人。如果占问是否平安,筮得此卦则必获吉祥。初六 天降薄霜,预示严寒将至。六二 柔顺之德,纵向无边,横向无涯,宽厚而博大,只要具备这种美德,即使不加修习,有所举动也无所不利。六三 蕴含彰美的阳刚之德,占问之事均可实行。有时辅佐君王大业,起初无所建树,最后则能终尽臣职而得到好的结果。六四 束紧囊口,可以免遭灾祸,但是不会获得美誉。六五 穿着黄色裙装,大吉大利。上六 巨龙在田野里厮杀,鲜血洒地呈青黄之色。用六 筮得此卦,占问永远吉利。

象曰:地势坤,君子以厚德载物。

《坤卦》中的"坤"代表大地,大地盛载万物,但却从来不抱怨,不叫屈。我们从大地上得到食物,得到滋养,然而却将垃圾返还给大地,大地却一如既往地养育着我们,这正是大地值得尊敬的地方。《坤卦》六二中讲道:"直方大,不习,无不利。"——意思是说我们在为人处世中,要效法大地,以宽广博大的心胸待人乃至于宇宙万物,像大地一样做到宽以待人。

古人有训："严于律己,宽以待人。"所谓"宽以待人"就是面对各种误解和委屈毫无怨恨之心,以德报怨而不计较,不过高要求别人,允许别人有缺点,不宣传别人的缺点,更不抓住别人的缺点不放。古人云："见贤思齐,见不贤而内省。"说的就是这个道理。

战国时期,赵国舍人蔺相如奉命出使秦国,不辱使命,完璧归赵,为赵王争了面子。赵王认为蔺相如是难得的人才,便拜他为相国。

老将廉颇曾经为保卫赵国立下汗马功劳,见蔺相如仅凭一张嘴,眨眼间职位就升到他的头上,而自己戎马一生,战功赫赫却位居他下,心里很不服气,决定找机会羞辱他一番。

蔺相如知道后,处处躲着廉颇,有时还称病不肯上朝。

有一天,蔺相如带门客出去,看见廉颇的车迎面而来,忙将自己的车退进小巷里,让廉颇的车过去。蔺相如的门客觉得憋气,埋怨蔺相如不该胆小怕事。

蔺相如笑笑说："你们说廉将军跟秦王比,谁的势力大?"

门客答："当然秦王势力大。"

蔺相如接着说："天下诸侯都惧怕秦王,而我却敢当面责备他,秦国之所以不侵犯赵国,就是因为有廉将军和我在,倘若我与廉将军不和,秦国定会趁机来犯,所以我情愿忍让廉将军。"

后来,蔺相如的话传到廉颇的耳朵里,廉颇感到无地自容。

易经的智慧

一天,蔺相如正在书房读书,一门客急匆匆地跑来说:"廉将军找上门来了。"蔺相如愣住了,不知廉颇此来何意,忙出门迎接。

廉颇裸着上身,背上绑了一根荆条,见到蔺相如便双膝跪倒,说道:"我心胸狭隘,请您责罚我吧。"蔺相如慌忙扶起他,二人互相躬身施礼。这就是成语"负荆请罪"的来历。

从此,二人齐心协力,共同保卫国家,秦国十几年不敢侵犯赵国。

蔺相如宽以待人,以国家大事为重,使将相和好,既维护了国家的团结,也有利于抵御外来进犯。

处世智慧

智者不会满足于一时一事的口舌之辩。用宽厚的德行、谨慎的态度去处理事情,才会赢得别人的信赖和尊重,这应该成为每个人为人处世的基础。

03　屯卦：君子以经纶

微言大义

屯:元,亨,利,贞;勿用,有攸往,利建侯。初九 盘桓,利居贞,利建侯。六二 屯如,邅如,乘马班如,匪寇婚媾。女子贞不字,十年乃字。六三 即鹿无虞,惟入于林中,君子几,不如舍,往吝。六四 乘马班如,求婚媾;往吉,无不利。九五 屯其膏。小,贞吉;大,贞凶。上六 乘马班如,泣血涟如。

屯卦,象征初生。筮得此卦大吉大利,有利于占筮;不宜出行,但有利于授爵封侯。初九 徘徊流连,难于前行。但对于占问安居之事有利,也有利于授爵封侯。六二 初次出行,徘徊难进。乘马的人徘徊而进,来者不是贼寇而是求婚的佳偶。女子占问嫁不嫁人之事,筮得此爻,预示再过十年才宜嫁人。六三 追捕山鹿没有虞人作向导,结果误入茫茫林海中,这样,君子与其继续追逐,不如舍弃不追;如果一意前往追逐,必将遭遇艰难。六四 乘马的人徘徊而进,欲求婚配,前往必获吉祥,无所不利。九五 屯积膏泽。少量屯积,占问则吉祥;大量屯积,占问则有凶险。上六 乘马的人徘徊而进,女方竟无所感应,只落得泪水涟涟,伤心而归。

象曰:云雷,屯,君子以经纶。

万物始生,充满艰难险阻,只有集聚实力,顺时应运,方能有所作为。这正是《屯卦》中六四"乘马的人徘徊而进,欲求婚配,前往必获吉祥,无所不利"所讲述的道理。

《屯卦》中的"屯"原指植物萌生大地,亦代表人生、事业的初创。在这个初创阶段,任何人都会遇到艰难险阻,这时人们就需要拥有坚定的信

易经的智慧

念和锲而不舍的精神。只要做到坚持不懈,自强不息,我们的人生和事业便能突破难关,像萌芽和小苗一样成为参天大树。

祖逖闻鸡起舞的故事就是这种精神的体现。

东晋初年,北方匈奴等少数民族贵族指挥军队,到处烧杀掳掠,使人民生命财产受到严重摧残。北方广大人民奋起反抗,山西流民集团号称"乞活",在陈午领导下坚决抗击石勒军;有一些汉族官吏如刘琨等,也起来对抗少数民族统治者。广大汉族人民迫切盼望东晋朝廷出兵北伐,消灭异族割据势力。

但是,东晋以司马睿为首的统治集团只图苟安江南,"素无北伐之志"。建兴元年(313),愍帝派人诏司马睿出兵攻洛阳,司马睿借口要平定江南,"未暇北伐",加以拒绝。他们只求维持长江以南的半壁江山。一些南方大族更是不想北伐。

在东晋统治集团中也有一些深明民族大义、充满爱国精神、坚决主张北伐的人,祖逖就是其中的杰出代表。

祖逖是北方大族出身,上代做过2000石的大官。他幼年读书并不用功,但能帮助人,乡亲们有困难,他常常接济。长大后,开始博览群书,通晓古今。他与刘琨是好朋友,两人同睡一张床,每天清早听到鸡叫,两人就起床,在院中舞剑练功,这就是成语"闻鸡起舞"的来历。

洛阳失守后,他率领宗族乡里南渡到江南。途中,他常把衣粮车马让

给老弱病残,深得大家爱戴。到达江南后,祖逖被任命为军谘祭酒,居于京口(今江苏镇江市)。国破家亡令他心痛,他上书司马睿说:"晋室之乱,不是因为上无道而下怨叛,而是由于宗室争权,自相鱼肉,才使戎狄乘机入侵中原。今北方遗民遭受蹂躏,人自思奋,大王如能命将出师,让我当统帅去北伐,北方人民与郡国豪杰必然会望风响应!"司马睿不想北伐,又不好推托,就给祖逖"奋威将军""豫州刺史"的空头头衔,另给一千人的口粮和三千匹布,让他自己招募士兵去北伐。祖逖虽然既无兵卒,又无武器,但他怀着收复中原的爱国之心,在建兴元年(313)率领自己南渡时带来的部曲百余家渡江北上。船行至长江中流,祖逖击楫(木桨)发誓说:"祖逖如不能扫清中原的敌人,就像大江一样有去无回!"辞色壮烈,大家深深感动。在爱国主义精神鼓舞下,祖逖率领众人奔赴北伐的最前线。

祖逖渡江以后,驻屯在淮阴(今江苏清江市南)。先在那里修筑起冶铁炉,铸造兵器,同时招募到两千名战士,编成营伍。祖逖开始有了一支坚强有力的部队。

祖逖从淮阴向北进发,首先遇到的是黄河南岸的许多坞壁主。这些坞壁主在石勒军事力量威慑下,正观望徘徊。坞主张平、樊雅占据谯城(今安徽亳县),与祖逖相持一年。祖逖争取张平部将杀了张平,又使樊雅投降,占据了谯城。不久,又打退了石虎的进攻,取得了初战的胜利。

大兴二年(319),陈留地方的坞主陈川投降了石勒,祖逖进攻陈川占据的蓬陂(今河南开封市附近),石勒派兵五万援救。祖逖兵败,退到淮南郡(治寿春),石勒派桃豹守蓬陂。次年,祖逖派大将韩潜击败桃豹兵,夺得了蓬陂的东台,桃豹死守着西台,双方各占领半个城,战斗了40天,相持不下。大家的粮食都发生了困难,祖逖为了战胜敌人,与韩潜商量了一条计策。

祖逖让部下用许多麻袋装上土,假装是粮食,派千余士兵运上东台,又派几个士兵搬运几袋真米,故意装得疲劳的样子,走到与桃豹交界的路上休息。桃豹的士兵见了米争着来夺,祖逖士兵赶快逃走。桃豹的士兵抢到了米,很高兴,立即埋锅做饭。他们一边吃着香喷喷的米饭,一边谈

易经的智慧

论着祖逖军队粮食充足；而自己营里早已断了粮，因而军心发生了动摇。

石勒了解情况后，为了稳定军心，赶快派了一千多头驴子组成运粮队，运送粮食接济桃豹。祖逖知道这消息，立即派人去袭击，夺得了全部粮食。桃豹听说粮食被劫，吓得连夜逃跑了。

就这样，祖逖军在艰苦的条件下，经过三年多的奋战，依靠北方人民和部分坞壁主的支持，基本上收复了黄河以南的领土。看到祖逖部队士气高涨，深得人民拥护，石勒不敢再渡江进犯。

祖逖在淮河流域坚持斗争，有效地抵御了北方少数民族的南侵，使东晋政权得以存在，这是祖逖的历史功勋。可是正当祖逖练兵积谷，准备继续向北进军的时候，东晋朝廷内部的斗争愈演愈烈。以王敦为首的军事集团在武昌正欲发动变乱，建康方面司马睿急于调兵遣将。

大兴四年（321）晋元帝派戴渊为征西将军，出镇合肥，防备王敦，祖逖也要受其节制。东晋境内大规模的内战阴云密布，使祖逖感到自己的志向难以实现，忧愤成疾；但他仍继续经营虎牢，修筑城垒，坚持不懈。他病逝于雍丘（今河南杞县），时年56岁。他去世后，河南地区又重新被石勒占领，北伐的成果被断送。

处世智慧

人生总会遇到艰难险阻，只有坚定的信念和锲而不舍的精神，坚持到底，自强不息，我们的人生和事业才能取得成就。

04 蒙卦：发蒙启智

微言大义

蒙:亨。匪我求童蒙,童蒙求我;初筮告,再三渎,渎则不告。利贞。初六 发蒙,利用刑人,用说桎梏,以往吝。九二 包蒙,吉。纳妇,吉,子克家。六三 勿用取女,见金夫,不有躬,无攸利。六四 困蒙,吝。六五 童蒙,吉。上九 击蒙,不利为寇,利御寇。

蒙卦,象征童蒙。亨通不是我有求于年幼无知的童子,而是年幼无知的童子有求于我。初次前来占筮,告诉他吉凶;接二连三地占筮,便是对占筮的轻侮和亵渎,如此,则不再告诉吉凶。但筮得此卦,无论做什么都有利。初六 启发愚昧无知的人以增进其智慧,宜于树立楷模,以启发人,使人不犯罪过;如果智慧初开就急于外出做事,行动将非常艰难。九二 被愚昧无知的人所包围、环绕,有时未必不是好事。迎娶贤淑女子为妻,吉祥;连儿辈也会有家室。六三 不宜娶这个女子为妻,因为她眼中所见的只是美貌郎君,遇到这样的男人她就自失其身,这种婚姻有害无益。六四 被年幼无知的童子所围绕,终究要遭遇艰难。六五 年幼无知的童子正受启发,必获吉祥。上九 惊醒愚昧无知的人,不宜采用暴烈行动,而宜采用防御贼寇的和缓方式。

象曰:山下山泉,蒙。君子以果行育德。

随着经济的发展,社会的进步,知识显得越来越重要,"知识就是力量",人类之所以能够摆脱愚昧、摆脱贫穷,首先需要的就是知识。世界各国都致力于提高人口素质,大力发展教育事业,原因也正在于此。

《蒙卦》中的"蒙"指的就是发蒙、启发,初六中所记载的"发蒙,利用

易经的智慧

刑人,用说桎梏,以往吝"中很深刻地说明了"蒙"的作用;同时在《蒙卦》上九记载的"击蒙,不利为寇,利御寇"中指出,启蒙教育一定要及早实施,防患于未然。

南北朝文学家颜之推在回忆自己童年时的生活时说:"我们颜家的门风家教一向是很严整周密的。我当年很小的时候,便蒙受很好的引导和教育。经常跟随两个哥哥,早晚都前往父母面前,问寒问暖,行走举止都有一定的规范,神色安详,态度恭敬,如同朝见威严的君主。父母对我们也很慈祥和蔼,问我们的爱好和志向,及时指出我们的短处,表扬我们的长处,态度诚恳关切。我刚刚九岁时,父母便故去,家道中落,家人离散,慈爱的哥哥抚育我,辛苦备尝。哥哥对我从来都是只有慈爱而没有威严,对我的引导训示也不够深切。我虽然常读《礼经》《春秋》这些典籍,也喜欢写文章,却很受周围世俗风气的影响,随心而欲,信口而说,不修边幅。到了十八九岁,我才知道应该约束和控制自己,可惜习惯成自然,终究难以彻底改掉。二十岁以后,大的过错才逐渐少犯了。但我却常常心里想的和口中说的相矛盾,理智和情感相冲突,晚上便觉出白天的不对,今天后悔昨天的过失。我悔恨没受到良好的教育,才成为现在这样。"

颜之推自感是一个失败的例子,父母双亡,哥哥扶养,只有慈爱而没有严格的教育,致使他养成随心所欲的习性,再加上受不良社会风气的影响,结果使他后来历经坎坷。

所以，颜之推格外注重对自己后代的教育，并且把自己教育后代的心得、体会编写成书，使之代代流传，警示后人。《颜氏家训》之所以受到历代书香门第的推崇，成为家庭教育的最好范本，也正因为此。

颜之推为了子孙感悟深切，不惜放弃自己作父祖的尊严，用现身说法来感悟子孙，用心可谓良苦。

颜家自认为是孔子弟子"亚圣"颜回的子孙，所以始终以《诗》《书》传世，保持儒家的本色，而魏晋时期士大夫们推崇的却是老庄和玄谈，颜之推说自己受到不良世俗风气的影响，指的就是这个。

人在幼儿时期，童蒙初开，如同一张白纸，幼儿教育就是在这张白纸上写下的第一笔，也是他们人生中最重要的一笔。古时儒家传统文化教育对这一阶段最为重视，皇家和贵族都为孩子配备有专门的老师和保姆，教他们怎样说话，怎样走路，懂得各种礼仪。平民百姓之家，父母就是孩子最好的老师，言传身教有时比经典教育更为有用。北宋文学家欧阳修自幼父亲早亡，幼年时便受教于母亲，他到老年退休后，还著文说自己一生受到的最好的教育便是母亲在他幼年时的谆谆教诲，自己一生的成就也无不得益于此。

处世智慧

青少年时期的教育在人的一生中是极为重要的，没有哪一个父母不关心孩子的早期教育。这种教育不仅是学校教育，还应该包括父母的言传身教；不仅是知识的教育，还应该包括道德教育，这样才能把孩子培养成一个人格和知识都健全的人。

05 需卦：耐心等待时机

微言大义

需：有孚，光亨，贞吉，利涉大川。初九 需于郊，利用恒，无咎。九二 需于沙，小有言；终吉。九三 需于泥，致寇至。六四 需于血，出自穴。九五 需于酒食，贞吉。上六 入于穴，有不速之客三人来；敬之，终吉。

需卦，象征等待。心怀诚信，光明亨通，占得此卦则必获吉祥，利于涉越大河巨流。初九 在郊野中等待，宜于持之以恒，如此，必无灾祸。九二 在沙滩上等待，稍稍有些中伤的言语；但只要耐心地等待，最终可获吉祥。九三 在泥泞中等待，会招致贼寇到来。六四 在血泊中等待，能从险境中脱出。九五 在酒食宴享中等待，占之则必获吉祥。上六 落入险境，有三个不速之客来访，只要以礼敬之，最终必获吉祥。

象曰：云上于天，需。君子以饮食宴乐。

耐心是一种能力，也可以看做是人的一种难得的修养；耐心是成功的磨刀石，学会了等待时机，离成功就不远了。古代战争中，那些想要一举成功，急于求成的军队，往往都以失败而告终，原因很简单——他们不懂得等待时机，盲目行动必然导致失败的结局。

《需卦》中的"需"在古代是等待的意思。善于等待，既是一种手段，又是一种人生智慧。在《需卦》中分别指出了"需于郊""需于沙""需于泥""需于血""需于酒食"的制胜哲学，它告诉我们在遇到危难时，应冷静沉着，稳妥行事，不可冒失行动，要审时度势等待时机，这样往往会取得最好的结果。"东山再起"的典故正是说明人要有耐心，懂得在时机成熟的时候果断出手，从而成就一生大业。

想干一番事业,或者想办成一件事,如果时机不到,就要等待。等待需要有坚定的毅力,而毅力的关键在于要有一个"耐"字来把握自己的心境,耐心就是克服浮躁,使内心归结到平静这种境地的法宝。

会昌二年(842),吐蕃赞普达摩逝世。因无子,宠妃琳氏立自己3岁的侄子为新的赞普,而没有立达摩的宗族。首相不服,被琳氏杀害。洛川门(今甘肃武山县东)节度使论恐热早有篡国之心,闻得此事,自封国相,和青海节度使勾结,举兵造反。论恐热很快就杀败官军,占了渭州。

尚婢婢是鄯州(今青海乐都县一带)节度使,文武双全,为人宽厚,治军有方,论恐热很担心他会袭击自己的后方。于是,论恐热决定先灭尚婢婢,以绝心腹之患。

会昌三年(843),论恐热率大军攻鄯州,行军途中,遇到了少有的坏天气。行到镇西(今甘肃省东乡族自治县以西)时,突然间,一个霹雳,草原上烈火熊熊,许多将士和牲口都被雷劈死了,被火烧死了。论恐热以为是上天发怒,谴责自己的行为,便不敢再继续前行。

尚婢婢闻得此事,马上命人给论恐热送去大批物品,慰劳论恐热的将士。尚婢婢的部将不明所以,生气地说道:"论恐热是来攻打我们的,我们却要给他送礼,这不是太胆怯了吗?"尚婢婢说:"我哪里是真给他送礼啊,我是假装臣服,助长他的骄气。论恐热率大军前来,把我们看得不堪一击,现在遇上天灾,正犹豫不决,我们此时

易经的智慧

去送礼,他肯定信以为真,不再防备我们,而我们正好养精蓄锐,等待良机。"部将听了,非常佩服。

古时人们常说,时机不成熟就隐没自己,但隐没不是把自己藏起来,根本不出现,封住自己的口,把思想和言论烂在肚子里;也不是把自己的智慧隐藏起来不发挥。而是说,暂时退一步,时机成熟时,再挺身而出。这也是保全自身的方法。

唐德宗为了显示自己对人才的重视,便征聘处士阳城为谏议大夫(在当时,朝廷制度规定,只有任谏官的官员才有资格写弹劾奏章,抨击朝政得失。)阳城不像别的处士那样扭扭捏捏,闻征即起,赶赴京师任职。

当初,阳城未出任官职时,士大夫都仰慕他刚正的风格,等到他出任谏官一职后,士大夫们都认为他会忠于职守。孰料,阳城到任后,整日与弟弟宴请宾客,日夜畅饮。唐德宗本就讨厌谏官天天絮聒,惹得自己心烦意乱,而今得了一个不言谏官,倒是很满意。朝廷中一些正直大臣认为,阳城身在其位却又不谋其政,失望之余,都痛骂阳城不过是浪得虚名,著名散文家、诗人韩愈也做了一篇文章来讽刺阳城的所作所为。但阳城并没有在意这些,仍然天天与一些朋友把盏欢颜。

贞元十一年(795),陆贽因遭奸人裴延龄谗害,被罢相贬官。德宗因信谗言,对陆贽非常痛恨,把他连续贬官,陆贽已有生命危险。大臣们见皇上盛怒,都不敢向皇帝进言,阳城知道这件事后,说道:"我担任谏官,不能够让皇上冤杀无罪的大臣。"

阳城马上率拾遗王仲舒、归登、右补阙熊执易等人到延英门,一起上奏章激烈地指责裴延龄的罪状,申辩陆贽等人忠诚无罪,多日不止。德宗看到奏疏后大怒,便要严惩阳城等谏官,太子在旁极力为阳城求情,德宗才释而不诛,命令宰相好言把几人劝回去。

德宗罢免陆贽后,便要任用裴延龄为宰相,阳城扬言:"如果让裴延龄做宰相,我一定以撕碎白麻,当廷痛哭来破坏这件事。"回去后便写奏疏,揭露裴延龄的罪过(当时只有任命宰相用白麻写诏书,阳城声言撕碎白麻,倒确是下定决心以死力争了)。唐德宗看后以为他弹劾裴延龄的事不属实,然后就改任他为国子监祭酒。但阳城却因此事天下闻名,受到世人的尊敬。

处世智慧

谁也不可能永远处在上风上水,不可能永远呼风唤雨,有时候,需要耐心地等待。机会无处不在,但机会永远留给有准备的人。无才无德之人,纵然机会降临身边,也无法抓住。只有善于利用机会,才能成就人生的功业。

06 讼卦：祸从口出

微言大义

讼:有孚,窒惕,中吉;终凶,利见大人。不利涉大川。初六 不永所事;小有言,终吉。九二 不克讼,归而逋,其邑人三百户,无眚。六三 食旧德,贞厉,终吉。或从王事,无成。九四 不克讼,复即命,渝,安贞吉。九五 讼,元吉。上九 或锡之鞶带,终朝三褫之。

讼卦,象征争讼。心怀诚信,追悔警惧,持守中和之道而不偏不倚可获吉祥;如果强争则有凶险。有利于大德大才之人出世,却不宜于涉越大河区流。初六 不为争讼之事纠缠不休,因为应当减少口舌是非,这样最终可获吉祥。九二 争讼失利,返回之后就应当逃避;逃到三百户的小邑便无灾祸。六三 安享旧日俸禄,占筮虽有危险,但最终可获吉祥。有时辅佐君王大业,则无所建树。九四 争讼失利,回心归于正理,改变争讼初衷,则平安无事,占筮可获吉祥。九五 审断争讼,判时是非曲直,大吉大利。上九 有时由于决讼清明而荣获君王颁赐的显贵华服,但一天之内却会多次被剥夺。

象曰:天与水违行,讼。君子以做事谋始。

俗话说:"病由口入,祸从口出。"这句话一点也不假,"病由口入",这是一个不争的事实,人吃五谷杂粮,没有不生病的。然而,"祸从口出"却没有被大多数人所认知,也没有提高到认识上去。虽然如此,但是也不能小觑。

中国还有句古话叫"言多必失"。说话多了不仅不会受人重视,或许哪句话还会伤了别人,引起不必要的麻烦,这就是祸从口出了。喜欢表达自己的见解是人们的一种偏好,但这并不是一种好习惯,因为祸患往往就隐藏其中。《讼卦》说"君子以做事谋始",就是告诫我们应该慎言畏出,缄默守声,不随便表达自己的心声及对外事、外物的看法,才不会惹祸上身。

孔融是东汉末年著名的士族代表人物之一,他学识渊博,性格耿直,年轻时就名扬天下,成了士林领袖。但他名士派头十足,自恃才高,性情倨傲,举手投足间总是锋芒毕露,不管大事小事,向来率性而行,缺乏在复杂多变的政治环境中保护自己的本领。

董卓操纵朝廷废立时,孔融总是忤逆董卓的旨意,结果由虎贲郎中将左迁为议郎。虽然他不谙军事,政治才能平平,但他却对傀儡政权汉献帝忠心不二,时时处处与权倾朝野的曹操作对。在许昌,孔融常常发议论或写文章攻击、嘲讽曹操的一些政治路线和政治纲领,使曹操心里很不舒服。

建安九年(204),曹操攻克邺城,曹丕看中了袁熙的妻子甄氏,就想占为己有。曹操成全了儿子,将甄氏赐给了曹丕。孔融知道后,就给曹操写了封信,信中说道:"当年武王伐纣的时候,将妲己赏赐给了弟弟周公。这次您效仿武王,将甄氏赐给世子,真是胸怀宽广,可喜可贺!"其实历史上并没有"武王以妲己赐周公"的事情,但是曹操认为孔融是很博学的人,就相信了孔融的话,还以为是个美谈。回到许昌后,曹操就追问孔融:

易经的智慧

"武王以妲己赐周公的典故出自何处啊？"

只见孔融慢吞吞地回答："这是我自己想出来的。我想，武王英明仁厚，一定不忍心杀死美人，而把妲己赐给自己的兄弟，正可满足怜香惜玉之心和顾念同胞亲情之意，岂不是两全其美吗？而今用现在的事情来琢磨一下，想来也应该是这样吧。"

曹操这才明白自己被孔融戏弄了。

当时连年用兵，又加上灾荒，军粮十分短缺，曹操为此下禁酒令，孔融又一连写文章反对，还嘲讽曹操。曹操加以解释，他不但不听，反有谩骂之词，恃才傲物，过分张扬使曹操对他更为嫉恨，只因当时北方形势还不稳定，而孔融的名声又太大，不便将他怎样。

孔融倚仗自己的声望才名，多次戏弄侮辱曹操，又对孙权的使者说朝廷的是非，言语中夹杂着对朝廷的不满，而且还在各种场合尽露锋芒，以师友王侯的姿态出现，动不动就对执政者冷嘲热讽，所以到了建安十三年（208），北方形势已定，曹操在着手实施他的统一大业的前夕，为了排除内部干扰，开始对孔融下手了。他授意丞相诬告孔融意欲图谋不轨，又曾与祢衡胡言乱语，而证据就是孔融以前发表的关于父母子女关系的那段言论。就这样，在同年八月，孔融与妻子儿女同时遇害。

由此可见，为孔融招来杀身之祸的是他那张嘴，曹操统一北方的大业无疑是有进步意义的，孔融何必要时时口诛笔伐呢？古人说"长舌乱家，大釜破车""人面鬼口，长舌为釜""无多言，多言必败"，也正是这个道理。

处世智慧

"口者，关也，舌者，机也。一言而非，驷马莫追；一言而急，驷马弗及。"历史上祸从口出的例子举不胜举，现实中言多必失的警告也不绝于耳。所以，不论什么时候，多听少说，不失为明智的选择。

07 师卦：师出有名

微言大义

师：贞，丈人吉，无咎。初六 师出以律，否藏凶。九二 在师，中吉，无咎；王三锡命。六三 师或舆尸，凶。六四 师左次，无咎。六五 田有禽，利执言，无咎；长子帅师，弟子舆尸，贞凶。上六 大君有命，开国承家，小人勿用。

师卦，象征军旅。筮得此卦，对于军事统帅率师出征非常吉利，必无灾祸。初六 军队出征，必须遵依号令行事；军纪败坏，必有凶险。九二 统率军队出征打仗，持守中道，不偏不倚，可获吉祥，必无灾祸；君王多次颁布诏命，奖赏其功。六三 士卒时而用大车载运尸体归来，必有凶险。六四 军队驻扎在左方，准备随时撤退，可以免遭灾祸。六五 田野有禽兽出没，宜于捕猎，没有灾祸；长子率师征战，次子用大车载尸，占问必有凶险。上六 天子颁布诏命，论功封爵，封诸侯于千乘之国，授大夫以百乘之家；要重用君子，不要重用小人。

象曰：地中有水，师。君子以容民畜众。

"师"是《师卦》的主题，在这里，"师"是指军队，也指用兵、出兵作战。对于用兵之道，《孙子兵法》有这样的阐述："兵者，国之大事也。死生之地，存亡之道，不可不察也。"意思是说，战争是国家的大事，它关系到士兵的生死，国家的存亡，是不可以不认真考察研究的。

《师卦》初六上说："师出以律，否藏凶。"其意是说，动用军队一定要师出有名，兴正义之师、为大众利益，才能使军队产生较强的战斗力；《师卦》上六上说："大君有命，开国承家，小人勿用。"指出国君下令封赏时，

23

易经的智慧

应论功行赏,分封诸侯大夫,不能重用无才德的小人。反之,不但不能凝聚人心,还会产生一系列的恶果。因此,在封赏方面也要"师出有名",谨慎抉择。

周襄王二十五年(前628),郑文公及晋文公相继亡故。协助郑国守城的秦大夫杞子差人密报秦穆公,说:"郑国人让我把守他们都城的北门,如果秘密派来军队,我们就可以轻而易举地拿下郑国。"发兵袭郑,争霸中原正是秦穆公朝思暮想的。

秦穆公得到这个情报后,立即向老臣蹇叔咨询这件事。蹇叔回答他:"让军队辛辛苦苦地去奔袭远方的国家,我还不曾听说过有能达到目的的。自己的军队疲惫不堪,而远方的国家以逸待劳,早有了准备,我看恐怕不可以吧!我军的一举一动,郑国肯定是无所不知;兴师动众,万分劳苦却又一无所得,将士们岂不怨声载道?况且千里迢迢,谁会不知道呢!"

秦穆公谢绝了蹇叔的劝告,召来了百里奚的儿子孟明视、蹇叔的儿子西乞术和白乙丙三位大将,命令他们整军从东门外出发,攻打郑国。

第二天一大早,大军齐集秦国的都城东门外待命出征。孟明视等三位将领全身披挂,等候国君秦穆公检阅发令。

这时,蹇叔来到大将孟明视马前,哭着说:

"孟将军,我看着你们率军出征,却见不着大军回来了!"

秦穆公很不满意,有个陪臣纵马一鞭立在了蹇叔眼前:"你懂得什么,老东西!假如你活70岁,你坟墓前的树都长成合抱粗的大树了!"

蹇叔理也不理,径直走到他儿子所在的队列前,哭着对儿子说:"晋国肯定要在崤山(在今河南宁县西北,地势极为险要)设伏兵阻击我军。那个地方有两座山陵,南陵是夏天子皋的坟墓;北陵是周文王曾经避风雨的地方。你将葬身于二陵之间,我要到那里去收葬你的尸骨啊!"

秦军朝东方郑国进发了。经过滑国(在今河南滑县)边境地区,大将军孟明视命令部队就地休息。

去周地做买卖的郑国商人弦高和奚施恰巧路过此地,探听到了秦军的来意后,弦高赶忙让奚施火速返回向郑国国君报告消息,自己则假托受国君的派遣远道欢迎犒赏秦军。弦高先送上了4张熟牛皮,又献上了12头牛,对秦军接受礼物的官员说:"我们的国君听说尊敬的贵宾将行军经过敝国,请允许我用微薄的礼物表达敬意,犒劳随行人员。敝国虽然弱小贫穷,不过,为了效劳,贵宾随从人员在这儿留驻一天,我们就提供一天的生活供应,做好一天的安全保卫工作。"

秦军以为郑国已经有了防备,不再抱什么幻想了。进攻不能取胜,包围又没有后续增援,于是决定撤兵。

当孟明视率领秦军到达晋国的崤山时,果然遭到了晋军的埋伏,晋军伏兵顷刻间四面出击,秦军仿佛陷入了突如其来的森林大火中。惊慌失措的秦军进退无路,周围的峭壁绝岩间箭如雨下,乱石铺天盖地从天而降,人马相撞,鬼哭狼嚎。一会儿工夫,秦军就被杀得片甲不留,全军覆没。

晋军获得了秦军的大批辎重,生擒了秦军孟明视、西乞术和白乙丙三名主将。

秦军师出无名,导致了崤之战的惨败,晋国大获全胜,暂时扼制了秦国东出争霸中原的势头。

名正才能言顺,做事一定要以公平、公正为原则。只有这样,才能树立自己的威望,才能服众。

易经的智慧

唐朝贞元年间,咸阳有人向皇上说见到了战国秦昭王时的白起将军,白起将军让这个人请奏皇上,加强国家边关的防御。因为到了正月,吐蕃必定大举东下侵犯唐朝边境。当时,谁也没有相信这个事儿。

可是,没过多久,吐蕃果然入侵,在守边将士的顽强抵御下,吐蕃大败而去。唐德宗李适觉得是白起显灵起了很大的作用,便决定在京城为白起修建一座纪念性的庙宇,并封赠一虚衔"司徒"。宰相李泌说:"据我所知,国家的兴旺,是因为君主都能广泛地听取别人的意见。现在守边的将帅立了功,而陛下却奖赏古人白起。这样做恐怕引起守边将士不满,从而瓦解士气。而且在京城立庙祭祀,排场盛大,一旦流传出去,可能会引起百姓迷信的风气。我听说杜邮有一座白起祠,皇上可以命令当地府县修葺一下,这样既供奉了白起,也不至于惊动天下人的耳目了。"德宗皇帝采纳了李泌的意见,重赏了守边的军队,凝聚了军队的战斗力,使得吐蕃不敢再次进犯。

古人说,得人心者得天下。的确,民心所向才是"师出之名"。在这个社会中,光有权力是不能够成就大事的,最重要的还要有威望,然而这种威望不是坐在家中或者办公室中等来的,它需要不失时机地去赢得人心,创造一切机会得到别人的爱戴与拥护。李世民善于纳谏,听取各方建议,这是获得民心的手段,也正是《师卦》的主旨。

处世智慧

"庶几义声昭彰,理直气壮,师出有名,火功可就矣。"师出有名,才能得道多助;师出无名,必遭祸患。

08 比卦：诚心纳才

微言大义

比：吉，原筮，元永贞，无咎。不宁方来，后夫凶。初六 有孚比之，无咎；有孚盈缶，终来有它吉。六二 比之自内，贞吉。六三 比之匪人。六四 外比之，贞吉。九五 显比；王用三驱，失前禽，邑人不诫，吉。上六 比之无首，凶。

比卦，象征亲辅。筮得此卦吉祥。第二次占问大吉大利，有利于长期占问，没有灾祸。令人不安的事并行而至，缓缓来迟者必遭凶险。初六 胸怀诚信之心前来亲辅，没有灾祸。只要诚信之意如美酒盈缸，纵然发生意外情况，仍然吉祥。六二 亲辅来自内部，筮得此爻则可获吉祥。六三 所亲辅的人并非应当亲辅者。六四 向外亲辅，筮得此爻可获吉祥。九五 光明正大地亲辅。君王狩猎，三方驱围，网开一面，任凭前方的禽兽逃逸，邑人都不惧怕，吉祥。上六 亲辅而找不到首领，必有凶险。

象曰：地上有水，比。先王以建万国，亲诸侯。

一个人即使有再大的本事，也不可能一手遮天，而需要一帮为他所用的朋友和帮手。而好的朋友和得力的助手是成功的基石。《比卦》上说"先王以建万国，亲诸侯"，也正是强调了诸侯、大臣在天子治理国家过程中的不可或缺的重要地位。

《比卦》初六上又指出："有孚比之，无咎；有孚盈缶，终来有它吉。"是说用诚实的信用去处理与邻邦或其附属国的关系问题，这样做绝对没错，如果这诚实的信用就像装在酒缸的酒一样能满满溢出，那样就能招来更多的邦国部族归附，如此当吉祥无比。那么，怎样才能让别人"有孚比

易经的智慧

之"呢？唯一的办法就是，那些身在高位的人要有一颗真诚的纳才之心，真心实意地去接纳、聘请人才，为己所用。

刘备是西汉中山靖王刘胜之后，刘弘之子。早年丧父，母亲以贩履织席为业。15岁时，刘备从师于当世大儒、同郡卢植，并结识了公孙瓒。汉灵帝末年爆发黄巾起义，刘备因起兵讨伐黄巾军有功而登上汉末政治舞台，三顾茅庐后始得诸葛亮辅佐，一步步地向复兴汉室的目标迈进。

诸葛亮生于东汉末年，他的父亲诸葛珪曾为泰山郡丞，按理说他的出身是不错的。可他的父母死得太早，所以他从小就过着非常艰苦的生活，偏在那个年代又战乱不断，在他15岁的时候，为了逃避战乱，他的哥哥诸葛瑾逃到了江东，他和弟弟妹妹就和叔叔诸葛玄离开家乡，辗转来到荆州。诸葛玄也是当时名士，他带领着一家人投靠了刘表。不久，诸葛玄去世，诸葛亮就在隆中（今湖北襄阳西）盖了几间草屋，隐居了下来。

诸葛亮身在隆中，心装天下，总想在政治上成就一番抱负。那时候，天下乱哄哄的，有识之士纷纷投靠自己中意的人物，诸葛亮也在寻觅自己施展抱负的人选。可他是个有主见的人，他说："曹操是国贼，孙权也是窃夺汉室政权的人，我不能辅佐他们。"

时间到了公元207年，这时，曹操已经占据中原，孙权已经称霸江东，刘备却走投无路投在刘表门下。征战这么多年，刘备始终没有夺得一个栖身之处。在反复的失败中，刘备终于认识到，自己身边缺乏一个优秀的谋士，于是他大大加强了访求人才的力度。

刘备投奔刘表后，被安排在新野（今河南新野县）驻扎，经过多方打听，终于寻访到很有名气的颍川文人司马徽，刘备特地上门拜访。

见面后，刘备毕恭毕敬地说："先生，如今天下形势纷乱，可否请您指点一二。"

司马徽捋了捋胡须，笑呵呵地说："我不过是个普通的读书人，不识时务。不过，这一带有两个人——卧龙先生和凤雏先生，他们是人中龙凤，只要请到其中一位，您就可以平定天下了。"

刘备一听，大喜，连忙问道："那么请问先生，他们二位的大名？"

"卧龙先生名叫诸葛亮,字孔明,凤雏先生名叫庞统,字士元。"

没过几天,当地的另一个名士徐庶听说刘备正在招募人才,便特地来投奔他。徐庶乃诸葛亮的好友,对诸葛亮的才能十分钦佩,他也向刘备推荐诸葛亮。

刘备马上说:"既然你们如此熟悉,就麻烦你辛苦一趟,将他请过来吧!"徐庶摇着头说:"虽然我愿意为主公效劳,但这个人必须要您亲自去请才行,万万不可召唤他来这里。"

刘备点头道:"既然你和司马徽先生都如此推崇诸葛亮,他肯定是个了不起的人才,我马上就去拜访他。"

于是,刘备冒着严寒,先后三次到隆中访问诸葛亮,在第三次访问时,才见到诸葛亮。这就是有名的"三顾茅庐"的故事。

这一年,刘备已经46岁,而诸葛亮只有27岁。

诸葛亮为刘备的诚心所感动,他知道,刘备很有名望,又自称是汉朝的皇族,他毅然决定要选择刘备,辅佐刘备成就大业。于是,诸葛亮根据自己的观察和判断,对天下形势做了详尽的分析,并且提出了具体方案。

诸葛亮说:"如今,袁绍已经被曹操打败,曹操的兵力猛增到100多万,再加上天子也在他手中,因此不能光凭武力和他争胜负。而孙权占据江东已历经三代,江东地势险要,百姓也安居乐业,孙权手下还有一帮能人,这样看来,想消灭他也不是一时半会儿的事,只能与其联合,从而借助他的力量实现我们的目标。"

"那么,占据一方的其他人呢?"刘备问道。

"荆州乃兵家必争之地,可惜刘表守不住它,益州土地肥沃,地势险要,向来被称为'天府之国',但刘璋也是个平庸之辈。至于汉中一带的张鲁,他守着一块好地方不知道珍惜,弄得老百姓怨声载道,能人谋士都想另找出路。您是皇室后代,声名已远播天下,只要能占据荆州和益州,对内安抚百姓,对外联合孙权,一旦有机会,就可以攻击曹操。到那时,则可以成就大业,汉室也可以恢复了。"

在诸葛亮的描述中,刘备心中俨然已勾画出了一幅蓝图,这一番精辟

易经的智慧

透彻的分析让他豁然开朗。他认定诸葛亮是个志向远大、才华出众的人才,诚恳地邀请他加入自己的阵营,诸葛亮痛快地答应了下来。

不久,刘备隆重地将诸葛亮接到驻地,让他做自己最重要的谋士。刘备得了诸葛亮,已经预示着将三分天下有其一了。

刘备诚心纳才,使得像诸葛亮这样的人才为其所用,最终实现了自己的大志。

一个人的力量毕竟是有限的,所以单单凭自己是很难成大气候的。只有结识优秀的人才,并且能够将这些人归为己用,才能扩大自己的力量,为自己的成功多增加一份筹码。中国人很早就懂得了人才的重要性,西方企业界更是重视人才,不拘一格使用人才。

一天晚上,美国一家汽车轮胎公司的经理菲利斯通信步走进一家酒吧喝酒,他要了一杯威士忌一饮而尽。当他打算离开时,酒吧里的一阵哄笑吸引了他的注意力,只见一个喝得烂醉的青年将褥子围在脖子上,摇摇晃晃地从外面走了进来。

菲利斯通感到好奇,他觉得这个年轻人并不是酒鬼,应该只是有心事才会这样借酒浇愁的。这时,他听到酒吧老板自言自语道:"搞发明真是害死人啊。"

"发明?"菲利斯通一听顿时来了精神,他立刻断定那个青年非等闲之辈。经多方打听,他得知那个青年叫罗唐纳,是搞橡胶轮胎发明的,而且得过专利。

罗唐纳曾带着自己的轮胎图纸拜访过橡胶巨子之一的史道夫,希望他能购买他这项技术,不料,史道夫轻蔑地把图纸随手抛在地上,还说他是骗子。这极大地刺伤了罗唐纳的自尊心,他发誓以后再也不搞发明了。从此,他便借酒消愁,并且不许任何人与他提有关发明的事儿。

菲利斯通得知这些后,决心亲自拜访罗唐纳。可谁想,第一次菲利斯通就遭遇了白眼,罗唐纳毫不客气地拒绝了他,这更坚定了菲利斯通认为罗唐纳是人才的信心。于是他第二次登门拜访,不想罗唐纳不在家,菲利斯通并没有立即离开,他在门口整整等了一天。罗唐纳回来后看到这一情景,大为感动,他热情地将菲利斯通请进家门。之后,他们交谈了很久。菲利斯通庆幸自己认识了这么有才华的一个人才,罗唐纳则有感于菲利斯通的诚意和慧眼,俩人交上了朋友。

后来,菲利斯通就利用罗唐纳的专利,制成了储气量很大而且极不易脱落的橡胶轮胎。这一产品打进市场,立刻成为抢手货,促使其公司迅速发展,最后成为美国最有竞争力的轮胎公司之一。

有能力的领导者都懂得如何去聘请、接纳那些真正的人才成就事业。而只有诚心纳才的人才能重视人才,人才才会真心归附。这样的结果往往是,人才的才能有的放矢,纳才之人的事业如日中天。

处世智慧

"良禽择木而栖,良臣择主而仕。"古时候如此,现代社会亦然。懂得识别人才,抓住人才,还要用诚信对待人才,尊重人才。无论在任何时候,人才都是最宝贵的资源。

09 小畜卦：诚信立身

微言大义

小畜:亨,密云不雨,自我西郊。初九 复自道,何其咎？吉。九二 牵复,吉。九三 舆说辐,夫妻反目。六四 有孚;血去惕出,无咎。九五 有孚挛如,富以其邻。上九 既雨既处,尚德载;妇贞厉,月几望;君子征凶。

小畜卦,象征小有积蓄。筮得此卦亨通顺利。浓云密布却不降雨,云气从我邑西郊升起。初九 复归自身的道行,会有什么灾祸呢？筮得此爻吉祥。九二 被外界牵连而复归自身道行,也能获得吉祥。九三 车身与车辐相脱离,夫妻反目为仇而离异。六四 只要胸怀诚信之心,抛弃忧虑,排除惊惧,必无灾祸。九五 胸怀诚信并系恋他人,与邻人共同殷实富有。上九 天上已经降下大雨,大雨也已经停息,车子还可以运载东西,妇人筮得此爻必有危险。在月内既望之日君子出征,必有凶险。

象曰:风行天上,小畜。君子以懿文德。

人们常说"无以诚不能定天下,无以信不能服天下",只有做到诚信,别人才会信赖和尊重你。《小畜卦》上说:"君子以懿文德。"可见,诚信是君子的立德之本。

《小畜卦》六四上说:"有孚;血去惕出,无咎。"认为只要人们能够胸怀诚信之心,就能远离灾祸,避免伤害。那么,不讲诚信的人,又会是怎样的结果呢？

古时候,济阴县里有个大商人。他家财万贯,只是为人有些奸诈,做生意从不吃亏。

有一次,他乘船到河对岸去进行商业活动,当船行到河心时,突然一个大浪头打来,将小船掀翻了。商人"扑通"一声掉进了河里。他不会游泳,一边拼命地挣扎,一边大声哭喊:"救命啊!救命啊!"

这时,河面上有一位渔民正在撒网捕鱼。听见呼救声,赶紧收起渔网,撑船过去救他。不等船靠近那个商人,商人就伸长了脖子没命地喊道:"快……快来救我!我是济阴县上的大家富户,有的是钱,你要是救了我,我就给你一百两黄金!一百两……"

渔民把船靠近商人,伸出胳膊,把浑身湿漉漉的商人拉上船,并把他送到了岸上。

商人登上岸后,吐出了几口河水。看到他缓过气来了,渔民说:"我已经救了你了,你刚才说的话可要算数啊!"

商人定了定神,想起自己许下的诺言,脱离险境的他有些后悔了。毕竟是一百两黄金啊!他斜着眼睛看了一下渔民,皱了皱眉头,然后掏出十两金子,很不情愿地塞给那个渔民说:"一百两太多了,就给你十两吧!这也不少了!"

渔民看了看金子,不满意地说:"刚才你不是亲口答应要给我一百两黄金吗?这会儿却只给十两,恐怕不妥当吧?"

"哼!"商人从鼻孔里哼了一声,拉下脸来说:"你一个臭打鱼的,拼一天命才能赚几吊钱?现在突然得到了十两金子,还有什么不满足的?这对你可不是个小数目,偷着乐去吧!要不是遇到我,你哪里能挣到十两黄金呢?"商人说完,把金子扔在地上,头也不回地走了。

渔民看着商人渐渐走远,没再说什么,难过地走了。

此后不久,商人又外出经商,返回时,仍然走水路,从吕梁乘船顺流而下。起初浪平船稳,不料行至中游时,水流突然变了,船速越来越快,并不断地顺着河水打起旋来。眼看前面有一块礁石,小船躲闪不及,一下子触到礁石上,翻了。事有凑巧,上回搭救他的那位渔民,又在附近打鱼。商人看到他,又拼命呼叫起来:"救命啊!快救救我!我是那个大富商,这次你要是真的救了我,我一定给你一百两金子!快来救我啊……"

可是这一回,不管商人怎样声嘶力竭地呼救、许愿、发誓,那个渔民就

33

易经的智慧

是不予理睬，依旧专注地打鱼。

有人见此情景，感到非常纳闷，就问渔民："商人答应给你一百两金子，你怎么还见死不救呢？"

渔民脸上毫无表情地说："他是一个不守信用的人，只许愿给别人金子，却不去真正实现。这样的人一旦得势，就会忘了根本，救他干什么？"说完，依旧打鱼。

商人在水中狂乱挣扎了一会，就像一块石头似的沉下去了。商人为他的不诚信付出了惨重的代价。

这个故事告诉我们，如果不讲信用，那么你的话就没有人会相信，在别人的眼里你就是一个没有信用的人，到最后吃亏的还是你自己。所以在言行上，我们要做到"言必行，行必果"，做一个有诚信的人。

处世智慧

"言无常信，行无常贞，唯利所在，无所不倾，若是则可谓小人矣。"君子与小人正相反，言而有信，诚信立身，所以，诚信成为任何时代推崇的道德标准。

10　履卦：谨慎行事

微言大义

履:履虎尾,不咥人,亨。初九 素履,往无咎。九二 履道坦坦,幽人贞吉。六三 眇能视,跛能履,履虎尾咥人,凶;武人为于大君。九四 履虎尾,愬愬,终吉。九五 夬履,贞厉。上九 视履考祥,其旋元吉。

履卦,象征谨慎行走。行走时不慎踩住了老虎尾巴,老虎却不咬人,亨通顺利。初九 衣着质朴无华,谨慎行走,无论做什么都没有灾祸。九二 在宽阔平坦的大道上谨慎行走,安适恬淡之人占问可获吉祥。六三 目盲偏要观察,足跛偏要行走,结果踩住了老虎尾巴,老虎就咬起人来,占问必有凶险;勇武之人为天子效命。九四 行走不慎踩了老虎尾巴,内心惊恐畏惧,但最终可获吉祥。九五 决然前行,不顾一切,占问必有危险。上九 回顾谨慎行事的历程,从中考察吉凶祸福征兆,然后返身而归,大吉大利。

象曰:上天下泽,履。君子以辨上下,安民志。

"履"是《履卦》的标题,它的意思是踩踏,引申为行为和行为准则。这种行为是一种有计划、有目标、有规范的行为,也就是我们常说的谨慎行事。

《履卦》初九说:"素履,往无咎";六三说"眇能视,跛能履,履虎尾咥人,凶",意在用对比的方法强调谨慎行事的必要性。

宁武子是春秋时期卫国很有名的大夫,姓宁,名俞,谥号武。他经历了由卫文公到卫成公两代,虽然这两朝完全不同,但宁武子却安然无事地做了卫国的两朝元老。

易经的智慧

卫文公时,国家步入正轨,政治、经济和文化蒸蒸日上。宁武子发挥自己的聪明智慧和超人的能力,为卫国做出了很大贡献,深得卫文公的赏识。

宁武子的外交才能是非常出色的。卫文公四年(前656),宁武子到鲁国聘问,鲁文公设宴招待他,并且与他对饮。席间,鲁文公亲自为宁武子朗诵《湛露》和《彤弓》两首诗歌。朗诵完毕,宁武子不言不语,既不说感谢的话,也不赋诗回答。文公感到很纳闷,就派人私下问:"文公为你朗诵诗歌,你怎么不说声谢谢,也不赋诗回答一下呢?这不是对人不尊重吗?"

宁武子回答:"我还以为这次是在练习演奏的呢!从前诸侯在正月里去京师向天子朝贺,天子设宴奏乐,在这个时候赋《湛露》这首诗,那就表示天子对着太阳,诸侯听候命令为国效劳。诸侯把天子所痛恨的人作为敌人,为帮助天子平定天下而贡献出自己的力量。天子因为这样而赐给他们红色的弓一把、红色的箭一百枝、黑色的弓十把、黑色的箭一千枝,用以表彰功劳,还用设宴奏乐作为报答和奖赏。现在,下臣前来拜访贵国,巩固过去的友好关系,承蒙君王赐宴,哪敢触犯大礼来自取罪过?"

宁武子靠自己的聪明才智,不卑不亢地在外交过程中为卫国争得了面子,从此,没有哪个诸侯国敢小视卫国,卫国的政治、经济得到了稳固的发展。

到卫成公时期，卫成公治国无道，导致卫国的政治、经济等多方面都很混乱，官场上人人相互攻击弹压，形势十分险恶。为了保护自己于危难，以苟存微薄之躯来挽救国家和人民，宁武子表现得与卫文公时完全不同。他假装愚钝无能的样子，以掩盖自己的锋芒，让别人觉得自己无知，对别人没有任何威胁，别人也不会加害于自己，从而保护了自己。可他一点也不笨，他施展自己的聪明才智，巧妙地与各种势力周旋，终于和其他正义的大臣联手平定了内乱，挽救了卫国，并为百姓做了不少有益的事，受到国人的敬畏和拥戴。

所以，孔子称赞说："宁武子这个人是一个大智若愚的人。当国家政治清明的时候，他便发挥自己的聪明才智；当国家政治黑暗的时候，他便做出一副愚笨的样子，在动乱中求稳。他的聪明是人们可以赶得上的，而他的愚笨却是很难学到的。"

晚清重臣曾国藩可以称得上大清官场上屹立不倒的杰出代表，他的为官与做人之道堪称经典。曾国藩在《治心经·殚心篇》中说的"终身涉危蹈险，如履薄冰，却能自全其身，自守其道，尽己之性而知天命。天下事患不思耳，何患不可为；天下才患不求耳，何患世无人"，正是对《履卦》最好的诠释。

处世智慧

"谨慎能捕千秋蝉，小心驶得万年船。"谨言慎行，不是什么都不说什么都不做，而是要练就明察秋毫的慧眼，该说的说该做的做，不给自己招来灾难。

11 泰卦：内君子外小人

微言大义

泰：小往大来，吉，亨。初九 拔茅茹，以其汇；贞吉。九二 包荒，用冯河，不遐遗；朋亡，得尚于中行。九三 无平不陂，无往不复；艰贞无咎，勿恤其孚，于食有福。六四 翩翩，不富，以其邻不戒以孚。六五 帝乙归妹，以祉元吉。上六 城复于隍；勿用师。自邑告命，贞吝。

泰卦，象征通泰。柔小者往外，刚大者来内，筮得此卦必获吉祥，亨通顺利。初九 拔除茅草而牵连其同类，兴兵征战可获吉祥。九二 有包容大川之胸怀，可以涉越巨流，偏远之地也无所遗忘；不结党营私，能够辅佐持中不偏的君王。九三 没有只平直而不倾斜之地，也没有只出行而不复返之人；占问患难之事，没有灾祸。不为复返而忧虑，如此，则有口福之吉。六四 往来翩翩，举止轻浮，不与其邻人共同富有，也不怀诚信之念相互告诫。六五 帝乙嫁女，因此而获得福泽，大吉大利。上六 城墙倾倒在城河之中，不可兴兵征战。在城邑中祷告天命，占问必有艰难之兆。

象曰：天地交，泰。以后财（裁）成天地之道，辅相天地之宜，以左右民。

《泰卦》中的"泰"是通畅平安的意思，这是《泰卦》的总体特征。而它说的"小往大来"，其意就是小的在外，大的在内。在为人处世方面，可以引申为另外一种意思——"内君子外小人"。

那么，什么是"内君子外小人"呢？就是一种韬光养晦的处世智慧。《泰卦》九三上说"无平不陂，无往不复"，既然没有只平坦而不倾斜的大地，也没有只出去而不返回的人，做人就无须过于愚直。有些时候，能够做到"内君子外小人",才是真正有智慧的君子的处世之道。

萧何和刘邦是老乡,很早就追随刘邦打天下。在萧何、曹参等人的辅助下,刘邦逐步平定了关中,成为与项羽抗衡的基地。

萧何作为丞相,留守关中,收拾关中的残破局面。他对百姓施恩惠,以安抚民心;颁布法令,重新建立统治秩序和统治机构;修建宫室、县城,开放原来秦朝的皇家苑囿园地,让百姓耕种,赐给百姓爵位,减免租税。汉中很快成为汉军稳固的后方和人力物力的供应基地。那时,萧何身居关中,心系天下,为了刘邦的帝业,劳心劳力,日夜操劳。

由于连年战争,项羽陷入了兵尽粮绝的困境。而刘邦的部队却由于萧何坐镇关中,不断地向前方输送粮草车马,补充兵力,形成了兵强粮多的大好形势。公元前202年,楚霸王项羽走投无路,最后在乌江自刎。

公元前202年二月,刘邦登上帝位,接着就论功行赏。五月,刘邦在洛阳南宫摆酒大宴群臣。刘邦问群臣:"你们都说实话,我为什么能够夺取天下?项羽又为什么会失掉天下?"群臣所说不一。

高起、王陵答:"陛下待人轻慢、任性,项羽待人仁慈、手软。但陛下使人攻城略地,有功者赏,有用者用,能够和大家同享荣华富贵。项羽嫉贤妒能,有能力的他猜忌,有功劳的他容不下。打赢了他不论功行赏,夺取地盘,不舍得封给别人,所以,他会失败。"

刘邦听了哈哈大笑,说:"你们只知其一,不知其二。运筹于帷幄之中,决胜于千里之外,我不如子房(张良);镇国家、抚百姓、供军需、给粮饷,我不如萧何;指挥百万大军,战必胜,攻必克,我不如韩信。这三个人都是人中豪杰,我能用他们,所以我能够得天下。项羽只有一个范增还不能重用,因此最后败在我手下。"

刘邦认为张良、萧何、韩信是他夺取天下最得力的功臣,是人杰。后来,这三人被称为"汉初三杰"。

再后来,萧何辅助吕后,谋杀韩信,为刘邦除去了一块心病。刘邦对萧何却是忧喜参半。他再次重赏了萧何,臣下们都对萧何表示祝贺。只

易经的智慧

有一个名叫召平的人，穿着白衣白鞋，进来吊丧。萧何见状大怒。召平对萧何说："相国，您的大祸就要临头了。皇上在外风餐露宿，而您长年留守在京城，您既没有什么汗马功劳，又没有什么特殊的功绩，皇上却给您加封，又给您设置卫队，表面是保护您，实际是在监视您呀！"萧何一听，害怕了。就依着召平的计策，辞掉了封赏，把全部私家财产都捐给军用了。刘邦对萧何的疑虑也暂时消除了。

同年秋天，英布谋反，刘邦亲自率军征讨。刘邦身在前方，每次萧何派人输送军粮到前方时，刘邦都要问："萧相国在长安做什么？"使者回答，萧相国爱民如子，除办军需以外，无非是做些安抚、体恤百姓的事。刘邦听后总是默不作声。

后来，一个门客提醒萧何："您不久就要被满门抄斩了。您想想，您身为相国，功列第一，还能有比这更高的封赏吗？况且您一入关就深得百姓的爱戴，到现在已经十多年了，百姓都拥护您，您还在想尽办法为民办事，以此安抚百姓。皇上肯定怕您危及他的社稷呀！如今您何不贱价强买民间田宅，故意让百姓骂您、怨恨您，制造些坏名声，这样皇上一看您也不得民心了，才会对您放心。"

为了保住身家性命，萧何只得故意做些坏事自污名节。刘邦听说了，反倒减轻了对萧何的疑虑。

陪在君侧，就要斗智斗勇，萧何陪伴刘邦几十年就是这么过来的。既要为君王考虑,辅佐君王成就大业,还得为自己考虑,毕竟自己和子孙后代还要生存。

处世智慧

"小人谋身,君子谋国,大丈夫谋天下。"中国古代本来就是"家天下",伴君如伴虎,既想陪伴君侧,又要明哲保身,这是一门大学问。现代社会,功高震主的例子也不少见,跟古人学智慧,真是很重要的一课。

12　否卦：临危不乱

微言大义

否：之匪人，不利君子贞；大往小来。初六　拔茅茹，以其汇；贞吉，亨。六二　包承，小人吉；大人否，亨。六三　包、羞。九四　有命无咎，畴离祉。九五　休否，大人吉；其亡其亡，系于苞桑。上九　倾否，先否后喜。

否卦，象征闭塞。阻隔的不是应该阻隔之人，筮得此卦不利于君子，因为此时刚大者往外，柔小者来内。初六　拔除茅草而牵连其同类，占问必获吉祥，亨通顺利。六二　被包容并顺承尊者，小人可以获得吉祥；大德大才之人反其道而行之，才会亨通顺利。六三　被包容而居下，终将招致羞辱。九四　君王颁布诏命，必无灾祸，众人还会前来归附而同享福禄。九五　闭塞休止，大德大才之人筮得此爻可获吉祥。将要灭亡啊，将要灭亡！但是如果把自己拴在根扎得很深的桑树上，则安然无恙。上九　开通闭塞；只要闭塞过去，喜庆必将到来。

象曰：天地之交，否。君子以俭德辟难，不可荣以禄。

生活中，做什么事都不可能一帆风顺，每时每刻都可能会遇到"风浪"。面对"风浪"的时候，我们应该临危不乱，谨慎小心行事，把握时机，给以致命的一击，而不是自乱分寸，不知所措。这就是《否卦》上九中说到的"倾否，先否后喜"——只要自己的内心不被外界所动，才能产生出一种临危不惧、战胜困难的勇气及智慧。

值得指出的是，具备临危不乱、从容不迫、坦然处之本领的人，能将艰难困顿的局面化险为夷。而他们这种"泰山崩于前而不变色"的刚毅气质往往能够运筹帷幄，决胜千里。

东晋太元八年(383)的冬天,东晋京城一片惊慌。前秦将领苻坚凭借着自己的力量统一北方后,前秦的力量空前强大,北方各少数民族也都被迫臣服于他。此时的苻坚集结了九十多万兵力,陆续向东进发。大军旗鼓相向,绵延千里,向东晋席卷而来。

晋孝武帝司马曜昏庸无能,得知情报后,惊慌不已,急忙召见宰相谢安进宫商讨御敌大计。谢安从容启奏道:"苻坚倾国出师,后方空虚,战线过长,兵力分散,军需粮草接应困难,内部又分离不团结。臣已将淮北的人民迁到淮南,这样苻坚的军队没有粮草供给,必然难以长久。"听到谢安如此安排之后,晋孝武帝大喜,令其统领八万精兵抗击秦军。

然而手握兵权之后,谢安却在大军压境之际一如既往,照样下棋、弹琴、饮酒、作诗,闭口不谈大战之事。领军大将谢玄是他的侄儿,看到叔父整日悠闲自得,心中不禁忐忑不安。将出发的时候,谢玄向叔父请示军机,谢安却像平时一样轻松自如地说:"我已经安排好了。"接着便不动声色了。军中诸将也都急得团团转,有一些与谢安关系不错的便去询问拒敌之计。谢安却硬拉着这些人陪他游山玩水,下棋吟诗,绝口不提拒秦之策。

众人见谢安如此胸有成竹,也都放宽了心,纷纷回到军中各司其职,各练其兵。兵民们一看,也是人不慌国不乱。军民上下,严阵以待。

前秦兵马攻打下寿阳城后,令5万人马驻守洛涧。秦军主将苻融得

43

易经的智慧

到晋兵缺粮的消息后，马上派人向苻坚报告，请求火速出兵，立即攻打晋军。苻坚大喜，马上率轻骑八千人赶往寿阳与苻融会和，企图一举歼灭东晋军。大都督谢石和先锋都督谢玄得知秦军人马未齐后，马上命5000精兵攻打洛涧。领兵的将领刘牢之奋勇当先，洛涧大捷，谢石命全军水路齐进，8万精兵声势浩大。秦军大败，人心恐慌，寿阳城上苻坚惊慌失措，看哪儿都是晋军，看着八公山上的草木，都好像是晋兵，这就是成语"草木皆兵"的由来。随后，在淝水的两军大决战中，晋军彻底打败了秦军，获得了淝水之战的决定性胜利。

淝水之战的捷报送到京城时，谢安正在府中与客人下棋，他拿过捷报看了一眼，便随手放在一边，继续下棋，就好像什么也没看到一般。客人问信中说了什么，谢安不紧不慢地说："孩子们已经打败了敌人。"他依旧从容安详地下棋。

临危不乱的事例在古代战争中可谓不胜枚举，其中三国时期蜀国丞相诸葛亮从容不迫、在大军压境之际摆下的"空城计"是最令人津津乐道的。

有胆有识的智者即使在人生和事业岌岌可危的时候，仍能做到临危不乱，谨慎行事，做出正确的判断，也正是如此，他们才能力挽狂澜，攻克难关，将事态转危为安。

处世智慧

"临危不乱，否极泰来。"这样的境界不容易达到，但人可以为此修炼自己的心性。当危险、灾祸突然来临时，就可以保持内心镇定，从而做出正确的决策，度过困境。

13 同人卦：人以群分，物以类聚

微言大义

同人于野：亨，利涉大川，利君子贞。初九 同人于门，无咎。六二 同人于宗，吝。九三 伏戎于莽，升其高陵，三岁不兴。九四 乘其墉，弗克攻，吉。九五 同人，先号咷而后笑，大师克相遇。上九 同人于郊，无悔。

同人卦，象征人事和同。在旷野之中与人和同亲近，亨通顺利。有利于涉越大川巨流，有利于君子占问。初九 刚刚走出大门就能与人亲近和同，必无灾祸。六二 与宗族内部的人亲近和同，行事必然艰难。九三 在林莽之中预设伏兵，并登上高陵观察形势，这样恐怕三年也不敢兴兵出战。九四 先高据城头之上，又自行退兵而不再进攻，也可获得吉祥。九五 与人和同亲近，起先失声痛哭，尔后又放声大笑，原来是大军出征告捷，各路兵马相遇会师，同庆胜利。上九 在城邑郊外与人亲近和同，不会遭遇困厄。

象曰：天与火，同人。君子以类族辨物。

孔子曰："近朱者赤，近墨者黑。"由此可见，"物以类聚，人以群分"这句话其实是有道理的。俗话说得好，"鱼找鱼，虾找虾，乌龟找王八"，一类人总要往一起凑的。正如《同人卦》所说，"君子以类族辨物"，意思是说君子应该和自己理念一样的人相处，以术其可志向合者。因此，要分辨一个人的德行，只要观察他经常与哪些人交往就会一清二楚。

战国时期，魏文侯礼贤下士，广行仁义，因此魏国国力强盛，别的国家都不敢小觑。

当时的魏成子在魏国很有声望，魏文侯让他推荐贤人。魏成子马上

易经的智慧

举荐子夏、田子方、段干木三人,并对三人的才能大加赞赏。魏文侯越听越奇,啧啧赞叹道:"以你的才能,竟对三人如此嘉许,他们必是不凡之人,寡人定当重用。"于是,魏文侯拜子夏、田子方、段干木三人为师,时常向他们请教。

大臣李克对魏成子的荐举很是迷惑不解,他对魏成子说:"一个人声望的建立是很难的事,你不该为了荐贤而自毁声望啊。子夏等人来到朝中,你不就相形见绌了吗?"

魏成子道:"国有贤才,才能兴旺不衰,与国家相比,个人的声望也就无足轻重了。如果因为我的自私而埋没了人才,我岂不是国家的罪人了吗?"李克对魏成子心生敬佩。

一日,魏文侯召见李克,对他说:"家贫则思良妻,国乱则思良相。魏国还不够强大,我想设置相国帮我治理国家,如果现在在魏成子和翟璜二人之中选相,你看谁更胜任呢?"

李克推辞道:"选相实为大事,臣不敢妄言,请主公自决。"

魏文侯一再让李克表态,李克才委婉地说:"主公可以考察一下他们过去的举止表现,然后再作出判断,看他们平时亲近什么人;富有时结交什么人;升官后荐举什么人;逆境时做什么事;贫困时不要什么,从这几方面来审查,心中就有数了。"

魏文侯连连点头道:"说得不错,相国之位寡人心中已经有数了。"

一日，翟璜向李克问起选相之事，李克直言说道："我想主公一定会选魏成子为相，你就不要奢求了。"翟璜不服，反问道："我哪一点比不上魏成子呢？西河太守，为我所荐；君王为邺城之事忧愁，我又举荐了西门豹前往治理；国君要讨伐中山国，是我推荐了乐羊子而取胜；世子缺少老师，也是我举荐了屈侯鲋。你说，我有哪一点比不上魏成子？"

李克笑着说："你举荐的人都是不如你的人，包括我自己。何况你又有私心，想趁机拉帮结伙巩固自己在朝中的地位。而一国之相哪能有如此强的私欲呢？所以你并不适合为相。而魏成子推荐的人，君尊为师，向他们学习治国之道；你荐举的人，君王只是当臣来用。由此可见，你怎能与魏成子相比呢？"翟璜思虑多时，诚心叹服。不久，魏文侯果然如李克所言，任命魏成子为相。

《同人卦》中的"同人"，顾名思义，就是志同道合的人。本卦旨在指出，为了共同的目标和利益，应当本着大公无私的精神，积极、广泛地与人和同，一起相互为谋。君子相交是如此，小人相交亦是如此。

处世智慧

你跟什么样的人结交，你就是什么样的人。所谓"近朱者赤，近墨者黑"，练就一双慧眼，与智慧的人同行，你也将得到提升。

14 大有卦：居上位而不骄

微言大义

大有：元亨。初九 无交害，匪咎；艰则无咎。九二 大车以载，有攸往，无咎。九三 公用亨于天子，小人弗克。九四 匪其彭，无咎。六五 厥孚交如，威如，吉。上九 自天佑之，吉，无不利。

大有卦，象征富有。年丰人富，亨通顺利。初九 与人交往而不涉及利害，自然不会招致灾祸；然而只有历经艰辛才能免遭灾祸。九二 用大车运载资财，无论运往何处，都没有灾祸。九三 王公大人按时向天子进献贡品，小人做不到这一点。九四 富有过人而不自骄，必无灾祸。六五 胸怀诚信交接上下，威严自显，可获吉祥。上九 从天上降下的佐助保佑他，使他时时处处获得吉祥，无所不利。

象曰：火在天上，大有。君子以遏恶扬善，顺天休命。

"谦虚使人进步，骄傲使人落后。"骄兵必败，事实也是如此。"骄"是历史上众多的以多败少、以强输弱战役失败的根源。《大有卦》九四、六五中讲道："匪其彭，无咎。""厥孚交如，威如，吉。"意指富有而不自傲，以诚实守信的原则与人交往，恩威并济，则无灾祸，说的就是这个道理。

人应该学会驾驭自身，做事情始终谨慎如一。当身处优势地位时，不要骄傲自满，看不起别人，只有收敛自己骄傲的态度，以平等的心态去对待和接纳那些弱势群体，才会威严自显，得到众人的尊敬。这便是《大有卦》上说到的"君子以遏恶扬善，顺天休命"。

晚唐诗人薛逢进士及第，历官秘书省校书郎、侍御史、尚书郎。他文笔清新冷峻,议论慷慨激烈,为人也狂傲。他应进士考试时,和徐州的刘录交情最好,而刘录的诗文远不及他,后来刘录历官中外,最后当了宰相。薛逢却经常对人讥讽刘录,两人便由好友成了对头。

后来有人推荐薛逢任负责起草诏旨的知制诰,刘录找个借口,便把他打发到外州作刺史去了。

不久,沈询、王铎、杨收相继为相,都是薛逢同年考中的进士,而同年进士在当时是很重要的关系,而这三人文章都不如薛逢写得好,薛逢便作诗讥讽:

须知金印朝天客,同是沙堤避路人。

威凤偶时皆瑞圣,潜龙无水漫通神。

杨收大怒,又把薛逢贬为篷州刺史。杨收罢相后,薛逢才回到朝中任太常少卿。王铎为相,薛逢又写诗:

昨日鸿毛万钧重,今朝山岳一尘轻。

王铎又对薛逢痛恨不已。

薛逢恃才偏激狂傲,久而久之,士大夫们都对他有意见了,没人为他说好话,他只好苦熬资历,只升到秘书监就死了。

古人说得好:"居上位而不骄,在下位而不忧。"你有才气,决不可恃才傲物;当了高官,不应因为官职高而放松对自己的要求,骄傲自满。如果怀才不遇,没有受到重用,也不应该悲观失望,满腹愁苦,仍要努力去做

易经的智慧

好该做的事情。只有这样,才能更好地保全自身,并成功一番大业,实现自己的人生理想和社会价值。

处世智慧

"事亲者,居上不骄,为下不乱,在丑不争;居上而骄则亡,为下而乱则刑。"人生最大的不幸就在一个"骄"字,妄自尊大,忘乎所以,最终吃亏的一定是自己。

15　谦卦：保持谦虚美德

微言大义

谦:亨,君子有终。初六 谦谦君子,用涉大川,吉。六二 鸣谦,贞吉。九三 劳谦,君子有终,吉。六四 无不利,撝谦。六五 不富,以其邻利用侵伐,无不利。上六 鸣谦,利用行师,征邑国。

谦卦,象征谦虚。只要谦虚地待人接物,行事必然事通顺利;而只有君子才能自始至终保持谦虚美德。初六 凡君子都是谦而又谦;君子凭着这种谦虚美德可以涉越大川激流,获得吉祥。六二 谦虚美名传扬在外,占问必获吉祥。九三 有功而不骄,君子保持这种美德至终,必获吉祥。六四 发挥扩大谦虚美德,无所不利。六五 不与其邻人共同富有,就利用征伐加以惩治,无所不利。上六 谦虚美名传扬在外,利于兴兵征战,以讨伐相邻四方的小国。

象曰:地中有山,谦。君子以裒多益寡,称物平施。

《尚书·大禹谟》中有:"满招损,谦受益。"意思是说,自满会招致损失,谦虚可以得到益处。而《谦卦》说的也正是这个道理。

谦卦,象征谦虚卑退之意,有谦德之君子万事皆能亨通,而且行谦有始有终之意。其中九三上说"劳谦,君子有终,吉",点明了主旨。"谦"有谦虚的意思,是一种功而不骄、有德而内养的素养,拥有这种修养,便能消除灾祸、获得吉祥。

贺若弼是隋朝初年的名将,在征伐陈朝时,他率领8000人先期渡过长江,在钟山遭遇陈朝主力,两军展开激战。贺若弼的人马少于敌军数倍,但他激励将士,人自为战,无不以一当十,不仅击溃陈朝主力,而且生

易经的智慧

擒陈朝名将萧摩诃,使韩擒虎这才得以只有500名精兵,就攻进陈朝空虚的都城建康,生擒陈后主。

平灭陈朝后,贺若弼却耻于没能先进都城,手擒陈后主,在隋文帝杨坚面前争功不已。隋文帝便把贺若弼和韩擒虎二人都列为上勋,封贺若弼为开国郡公,右领军大将军,赏赐不可胜计。贺若弼的家中珍玩无数,婢女侍妾有几百人,都衣着奢华。

贺若弼自以为功勋名望在众臣中无与伦比,认为宰相一职非己莫属。但是不久杨素当上仆射,贺若弼仍是将军,他心里很不服气,经常口出怨言,因此被免官。贺若弼被免官后怨气更甚,所出怨言也愈多,隋文帝便把他抓进牢狱。因他是功臣,隋文帝不让法司官员审问他,亲自到狱中审问:"我任命高颎、杨素当宰相,你却总在大庭广众中说'这二人只会吃饭。'究竟是什么意思?"贺若弼说:"高颎是我的老朋友,杨素是我舅舅的儿子,我熟知他们的为人才能,所以才这样说。"

隋文帝杨坚虽痛恨他诽谤朝政的行为,但还是看在他平灭陈朝的功勋上,犹豫了好几天,只是把他除名,过了一年,又恢复了他的爵位。不过,杨坚心里却一直记恨他,不再给他任何官职,然而每次宴会赏赐,待他还是特别优厚。

隋炀帝杨广当太子时,问贺若弼:"杨素、韩擒虎、史万岁都称良将,他们优劣如何?"贺若弼说:"杨素是员猛将,却不是有谋略的大将;韩擒虎是斗将,却不是善于统率大军的将领;史万岁是骑将,但也不是大将。"

杨广问道:"那么你所说的大将是谁呢?"贺若弼鞠躬说:"就凭殿下选定了。"意思是说只有自己才够大将。

杨广是平灭陈朝时的总帅,那时已和贺若弼有嫌隙,如今见贺若弼倨傲自得,更为忌恨。继位不久,就因贺若弼私下里议论他招待突厥可汗太过奢侈,把他下狱诛死了。一代名将贺若弼竟落得如此下场。

孔子曰:"敏而好学,不耻下问""三人行,必有吾师",无疑,孔老夫子是谦虚的,他能够将自己放低,主动地取别人之长,补自己之短。

著名科学家牛顿说:"我自己看来,我只不过是在海边玩耍的小孩,为不时发现比寻常更美丽的贝壳而沾沾自喜,而对于我面前浩瀚的大海,却全然没有发现。"这些人之所以能够做出如此巨大的成就,关键还是领悟了"谦"的真谛。

处世智慧

"劳谦虚己,则附之者众;骄慢倨傲,则去之者多。"谦虚的人身边总能聚集一帮有才有德的人,这是事业成功的必要储备。

16　豫卦：得意不忘形

微言大义

豫:利建侯行师。初六 鸣豫,凶。六二 介于石,不终日,贞吉。六三 盱豫悔;迟有悔。九四 由豫,大有得;勿疑,朋盍簪。六五 贞吉,恒不死。上六 冥豫成,有渝无咎。

豫卦,象征欢乐。利于授爵封侯,兴兵征战。初六 由于喜好欢乐而闻名,将有凶险。六二 德性坚贞超过磐石,不等一天终了就悟出过分欢乐的害处,占问必获吉祥。六三 媚眼向上以求受宠之欢乐,必遭困厄;如果行事总是迟迟疑疑,也会陷入困境。九四 众人依靠他而得到欢乐,将大有所获;坦直不疑,朋友会像头发束绾于簪子上一样聚合相从。六五 占问疫病的吉凶,筮得此爻预示着长久健康而不致死亡。上六 即使已经养成盲目纵情作乐的恶习,若能及早改正,仍无灾祸。

象曰:雷出地奋,豫。先王以作乐崇德,殷荐之上帝,以配祖考。

《豫卦》中的"豫"是"和乐""得势"的意思。"和乐"与"得势"本是一件让人心情舒畅的事,是大吉之兆,而《豫卦》的六二却不忘提醒众人:"介于石,不终日,贞吉。"高兴欢乐都要有一个度,一定要懂得过分兴奋的害处,切莫"乐极生悲"。

对于众人来说,"豫"本是一件让人欢乐的好事,但它也可以转化为坏事,关键看你如何去把握这个度。处理得好就是好事,处理不好自然就成了坏事。因此,我们才会常常听到不厌其烦的叮嘱——"得意之时莫忘形。"

西晋时,晋武帝的杨皇后因病将死,她怕武帝立别人为后,自己娘家就会风光不再,就对武帝说,她叔叔杨骏的女儿杨芷非常漂亮,希望自己死后,武帝能立杨芷为皇后。

晋武帝是色中饿鬼,这样的话自然会听从。杨皇后死后,他便把杨芷接进宫来,立为皇后,杨骏因是皇后的父亲,也加官晋爵,在朝廷内外耀武扬威,横行霸道。

大将军胡奋看不惯杨骏小人得志的嘴脸,劝他道:"你也应该收敛些,古来和天官家为婚的人没有不毁家灭门的。"杨骏听了很不高兴,反唇相讥道:"你不也是与天官家为婚的人吗?"

当时胡奋的女儿也在宫中作贵嫔,胡奋冷笑道:"我的女儿是给你的女儿当婢女的。"

晋武帝死后,杨芷假造遗旨,由父亲杨骏任大司马、大将军,总揽朝政,武帝的儿子惠帝即位。惠帝的皇后贾氏不满杨骏专政,便鼓动亲王起兵,发动了一场宫廷政变,杨骏一家果然如胡奋所言,被灭门绝户了,连成了皇太后的杨芷也未能逃过劫难。

杨骏身为皇后的叔父,已经身世显贵了,却依然不满足,得意忘形,结果做了国丈,到达了权势的顶端,自身已无回旋余地,时势一变,便摔得粉身碎骨。

俗话说:"高处不胜寒。"人在高位时,更应克己奉公,为人谦和,这样才能站得更高,走得更远。正如《史记·滑稽列传》所言:"酒极则乱,乐

易经的智慧

极生悲,万事尽然,言不可极,极之而衰。"人生得意时,一定要在内心给自己划一道警戒线,知道哪些是可以逾越的,哪些是不可以逾越的,要做到了然于胸,切不可撞上南墙才回头,一切悔之晚矣!

处世智慧

"当其得意,勿忘形骸。"有多少人得意之时忘了形,结果爬得越高,摔得越重,所以,得意之时,一定要在自己的内心画一条警戒线,以免乐极生悲。

17　随卦：不可因小失大

微言大义

随:元亨,利贞,无咎。初九 官有渝,贞吉;出门交有功。六二 系小子,失丈夫。六三 系丈夫,失小子;随有求得,利居贞。九四 随有获,贞凶;有孚在道,以明,何咎? 九五 孚于嘉,吉。上六 拘系之,乃从,维之;王用亨于西山。

随卦,象征追随。大为亨通,有利于占问,没有灾祸。初九 馆舍发生变化,占问可获吉祥,出门与人交往必能成功。六二 倾心依附柔顺的小人,就会失去刚大的丈夫。六三 倾心依附刚大的丈夫,摆脱柔顺的小人。追随别人,有求必得,有利于占问安居之事。九四 追随别人而有所获,占问却有凶险。但心怀诚信而持守正道,且光明正大,还会有什么灾祸呢? 九五 把诚信施予美善之人,可获吉祥。上六 先遭到拘禁,后又获释,君王因此得以祭享于西山。

象曰:泽中有雷,随。君子以向晦入宴息。

在日常生活中,总有一些人因为过于苛求一件小事,而影响到大事的顺利进行;因为过分计较一点小的利益,而损失较大的利益。因此,《随卦》九四中指出"有孚在道,以明,何咎",意思是说,只有舍得放弃一些小的利益,才能谋求到更大的发展。

宋孝武帝死后,他的儿子刘子业做了皇帝,被称为宋废帝。刘子业这个人十分傲慢,狂妄任性,又生性多疑,不理政事。辅佐他的大臣戴法兴劝他说:"陛下这样下去,可能天下就不能安宁了。"从此,刘子业就对戴法兴很不满,在他宠幸的宦官的指使下,先是把戴法兴定罪免职,想想还是不解恨,就把他杀了。

易经的智慧

湘东王刘彧是刘子业的叔父,刘子业担心他的势力强大起来,会对自己构成威胁,就把他和另两个叔父建安王刘休仁、山阳王刘休祐都召到皇宫里来,专门做了几个笼子,把他们关起来。因为湘东王刘彧很胖,刘子业就把他

称为猪王,让手下的人用槽子喂他,还让他吃杂食。后来,他又让人在地上挖了一个坑,用水泥抹好,把刘彧的衣服都扒下来,让他躺在坑里,然后再把盛着猪食的木槽放在他面前,让他做出猪的样子来吃。刘子业就一边看着,一边骂着他取乐。刘彧虽然感到实在无法忍下去,但是由于产生了要杀掉刘子业的决心,便装出猪的样子来,让刘子业取乐。

刘子业害死了很多族王,也担心他们的旧势力会起兵造反,就把十分英勇的宗越将军等人拉拢在身边儿。很多人对刘子业的做法不满,但是有宗越等人为他护驾,也没有人敢对他如何。

后来,刘彧有了喘息之机,立刻把老朋友直阁将军柳世光和宦官阮佃夫等人找来,研究如何对付刘子业。直阁将军说:"您所受的耻辱够多了,现在只要您一点头,我们就会砍下刘子业的脑袋。"刘彧还有些为难,他说:"我之所以活下来,就是要出这口气,但是刘子业现在是皇上,我不想背上弑君的罪名。"阮佃夫等人就劝说刘彧,并把刘子业得罪了所有王族的事情向刘彧说了一遍。刘彧经过考虑,认为只有把刘子业杀死,才能使国家有出路,于是就同意这些人进行安排。

阮佃夫找到了刘子业身边的护卫寿寂之,要他寻找时机。

恰好当时华林园发生了"闹鬼事件"。刘子业到华林园里游玩儿,他命令几十个宫女把衣服都脱光,在华林园里互相追逐嬉闹。多数宫女都听从了刘子业的安排,按照他的要求把衣服脱下来,可是有一个宫女觉得这对她来说是最大的耻辱,就不脱。刘子业问她为什么不脱,她说:"我身体不舒服,不能脱。"刘子业很生气,叫人把她拉出去杀了。这天晚上,刘子业做了一个梦,梦到一个宫女指着他骂:"你这个人残暴无度,活不到明年秋天。"第二天醒来后刘子业就在宫女中找这个人,最终找到一个和梦里骂他的宫女长得很像的人,就又杀掉了。可是第二天,刘子业又梦见了这个宫女骂他。于是他就认为华林园有鬼,开始找巫师射鬼。

刘彧的人暗中传话给刘子业说,湘东有人要起兵造反了。刘子业就想先把刘彧等人杀了,然后发兵湘东。这天晚上,刘子业带着人在华林园射鬼,让手下那几个将军都去回家准备行装,第二天就出发。

寿寂之就利用刘子业带着几百个宫女在华林园射鬼的机会,带着十几个随从冲进来,把刘子业砍死在华林园。

几天后,他们拥立湘东王刘彧做了皇帝。

面对刘子业的百般羞辱,刘彧在仅有一己之力的时候没有以死相拼或一死了之。他忍辱负重,等待时机,最终没有因小失大,而是拯救了国家。刘子业违逆天道,最终落得众叛亲离、成为刀下鬼的下场。

将眼光放长、放远一些,不要只局限在眼前的丁点利益上,而迷失了更多的利益。正如湘东王刘彧所为,忍一时之气,拯救国家于危难之间。在生活中更要谨记,切莫因小失大,更要切忌因贪小便宜而吃了大亏。

处世智慧

做人不要因小失大,将眼光放长、放远一些,切忌冲动用事,切莫因小失大,人生本来就是公平的,有失必有得,有得必有失。看开了,就不会斤斤计较于芝麻小事了。

18　蛊卦：振民育德

微言大义

蛊:元亨,利涉大川;先甲三日,后甲三日。初六 干父之蛊,有子考,无咎。厉终吉。九二 干母之蛊,不可贞。九三 干父之蛊,小有悔,无大咎。六四 裕父之蛊,往见吝。六五 干父之蛊,用誉。上九 不事王侯,高尚其事。

蛊卦,象征拯弊治乱。大为亨通,有利于涉越大川巨流。经过七日的观察思考,就会知道应该怎么去做。初六 匡正父辈的过失;有了这样的儿子,父辈则可避免灾祸,即使有些危险,最终也能获得吉祥。九二 匡正母辈的过失,但不可干涉母亲的闺房之事。九三 匡正父辈的过失,虽然会遭到小的困厄,但是没有巨大灾祸。六四 姑息父辈的过失,有所举动必然遭遇艰难。六五 匡正父辈的过失,会受到称誉。上九 不为王侯效命,专心治家,并以此为高尚之事。

象曰:山下有风,蛊。君子以振民育德。

《蛊卦》中的"蛊",原指一种很可怕的毒,在这里是"有事"的意思,一般指弊端,卦象所说的"君子以振民育德",意为君子以合理的方式匡正扶危。

面对杂乱无章的秩序,有才德的领导者都会及时地采取一系列措施及行动,来规范制度、整治秩序。但是,他们不会盲目行事,而是在经过缜密的分析与估算认为绝对可行之后才实施。因此,他们所作出的都是有目的、成功率很高的决策。

明朝开国皇帝、一代英豪朱元璋,之所以能够从一个流浪乞丐成为一代君王,就是因为他善于振民育德,他的政策措施不但整治了元朝末期混乱的局面,还赢得了民心,顺顺利利地做到了皇帝的位置。

当朱元璋的大军攻下太平城后,为了约束军队,防止扰民,争得民心,朱元璋便命掌书记李善长起草了《戒缉军士榜》。战斗刚一结束,士兵们刚准备动手抢掠、大发横财的时候,却见城中的大街小巷贴满了榜文,上面赫然写道:敢有抢掠财物、滋扰百姓者,杀无赦。

榜文起到了很大的作用,混乱的局面立刻变得井然有序。在战事结束后,朱元璋论功行赏,军士们自然都有份儿。朱元璋的高明做法,既得到了人心,也稳住了军心。

朱元璋得到了人心,又在扩大江南根据地的同时,再让自己的新政深入人心。在占据应天后,他没有整日沉浸在胜利的喜悦中,而是对自己的下一步目标有清醒的认识。他知道,要想得到人心,即使是在"地狭人稀"的地方,也要非常重视。他曾经对众将士说:"我自起兵以来,从未随意杀掠。今尔等带兵出征,望能体察我的心意,严格约束士卒。"朱元璋的军队进城后,果然严守纪律,不滋民扰民,诸将战战兢兢,奉命而去,很快就攻下镇江。

这种情况迅速传到其他地方,各地民众都称颂朱元璋的军队是仁义之师,这给朱元璋经营江南财富之地带来了很大的便利。

朱元璋面对士兵进城后的所作所为,仔细分析了可能出现的不良后

易经的智慧

果,然后经过缜密的思考颁发了《戒缉军士榜》,有效地整治了军中之乱,赢得了百姓的爱戴,不失为《蛊卦》所说的"振民育德"。

处世智慧

当决心改正自身缺点的时候,一定要审时度势地制定改正的计划,切不可雷声大雨点小,做出一些见不到效果的计划,贻笑大方。

19 临卦：胸怀感化之心

微言大义

临：元亨，利贞；至于八月有凶。初九 咸临，贞吉。九二 咸临，吉无不利。六三 甘临，无攸利；既忧之，无咎。六四 至临，无咎。六五 知临，大君之宜，吉。上六 敦临，吉，无咎。

临卦，象征居高临下，至为亨通，有利于占问。但到了八月将有凶险。初九 胸怀感化之心下临百姓，占问则可获吉祥。九二 胸怀感化之心下临百姓，必获吉祥，无所不利。六三 只凭甜言蜜语下临百姓，没有什么好处。假若已经忧惧自己的过失而加以改正，则没有灾祸。六四 亲自下临民情，没有灾祸。六五 下临百姓，凭着聪明睿智体察民情，并且知道自己身为天子应当做什么，必获吉祥。上六 敦厚宽仁的下临民情，必获吉祥，没有灾祸。

象曰：泽上有地，临。君子以教思无穷，容保民无疆。

《左转·宣公二年》中记载："人非圣贤，孰能无过，过而改之，善莫大焉。"意思是说，一般人不是圣人和贤人，谁能不犯错呢？错了能够改正，没有比这更好的了。的确如此。只要是人就没有不犯错误的，因此，犯错也就不是什么大不了的事情了。当然，那些能够知错改错的人，是值得学习和效仿的；而那些"过而不改"的人，却是不可原谅、值得鄙视的。

《临卦》中的"临"是以上临下，以尊重临卑贱的意思。说得通俗一些，就是统治者如何统治人民而不让人民产生埋怨反感甚至反抗的道理，用在我们的现实生活中，意思就是我们对待别人所犯的错误时，要真心地加以引导，以一种感化之心，让其心甘情愿地知错改错。

易经的智慧

春秋五霸之一的楚庄王,就是一位胸怀感化之心的好君主。

有一次,楚庄王邀群臣会饮。酒过三巡,大家都喝得半醉半醒。这时,大殿上照明的烛火忽然被一阵风吹灭了,全场一片漆黑。在这个时候,有人乘机调戏楚王的一个宠妃,用手拉扯妃子的衣裙。妃子在慌乱中一把揪住了那个人的帽带并用力扯了下来,暗中向楚庄王说:"请大王为妾做主,有人在暗中拉扯我的衣服,意欲调戏我,我已将那人的帽带扯断了。请大王命人点亮蜡烛后查看众人的帽带,以便找到刚才的无礼之人。"

谁料,楚庄王却说:"不要点烛。"随后又高声说道:"我已经说过今天大家饮酒不必拘泥于礼节,我请大家喝酒,谁若不把帽带扯断,谁就要受重罚。"于是,在场的群臣全都把自己的帽带扯断。蜡烛点燃时,自然无法判断出何人对妃子动手动脚了。

两年后,楚庄王伐郑,一名战将主动率领部队先行开路。这员战将所到之处拼命死战,大败敌军,直杀到郑国国都之前。楚庄王便问他:"我从来没有厚待你,你为何如此为我效力呢?"

那人回答说:"我就是那个被王妃扯断帽带的人啊!我当时就应该肝脑涂地以谢罪。已经过了这么长时间了,一直没有机会报答大王。今天有幸派上用场,尽我为臣的义务,为大王击败晋寇、振兴楚国出点薄力。"

楚庄王给下属留下面子,下属怀着感恩之心以死相报,最终成就一段美谈。在现实生活中,我们也会经常碰到类似的事情:当我们周围的人有意或者无意之间伤害到我们的时候,我们应该如何处理呢?智者会淡然处之,以一种博大的胸怀感化他,让他良心发现主动认错;庸人则会以牙还牙,以暴治暴,让事情一发不可收拾。

处世智慧

帮助朋友,以保持友谊;宽恕敌人,以争取感化。胸怀感化之心,敌人也会变成朋友。

20 观卦：观民设教

微言大义

观：盥而不荐，有孚颙若。初六 童观，小人无咎，君子吝。六二 阚观，利女贞。六三 观我生，进退。六四 观国之光，利用宾于王。九五 观我生，君子无咎。上九 观其生，君子无咎。

观卦，象征瞻仰。祭祀之前仅仅洗手自洁，并不进献祭品，是因为有一个个头很大的俘虏作为人牲。初六 像幼童一样瞻仰景物，小人没有灾祸，君子则行事艰难。六二 暗中偷偷地瞻仰盛景，有利于女子占问。六三 观察同姓之国的民情，可以知道如何施政。六四 观察一国之风土人情，宜于先用宾客之礼朝见君王。九五 观察同姓之国的民情，君子可以免遭灾祸。上九 观察异姓之国的民情，君子可以免遭灾祸。

象曰：风行地上，观。先王以省方观民设教。

《观卦》中的"观"一般是观看、观察的意思，在这是又可作"由此知彼""举一反三"来讲。不可否认的是，世界上有很多人都能够做到未卜先知，这与他们善"观"是分不开的。

《观卦》六四中说"观国之光，利用宾于王"九五中说"观我生，君子无咎"，都深刻地指出了"观"的作用。因此，善"观"者，能够利用提前察觉到的信息，做出积极而有效的判断及行动，达到消灾避祸、安身立命的目的。

战国前期，晋国实际上几乎名存实亡。有实力的人都是各自割据，自成小国了。这样一来也就造成了各小国之间的混战。后来，智伯瑶、赵襄子、魏桓子和韩康子四家掌握了晋国的大权。在这四家当中，以智伯瑶的实力最大。

赵襄子当时觉得智伯瑶不一定会对这三家网开一面，也许日后要找机会把他们三家灭掉，于是就在自己的一座老城里做了些准备。他让自己家的老臣董安于去筑城，告诉他一定要把城筑得牢不可破。然后，他又让另一个诚实可信的人尹铎去管理当地的政务民生。这两个人都是赵襄子十分信任的人，他知道，安排这两个人做事，不会有一点儿差错。因此自己并没有对他们的治理进行指点，两个人是尽自己的能力在晋阳城施展起来。董安于考虑的是怎样才能把城筑得结实，不让敌人攻打进来；而尹铎所做的就是安抚百姓，宣传赵襄子的安生之策，减轻刑罚和苛税，鼓励发展生产，让百姓都富足起来，家家丰衣足食。

过了一段时间，智伯瑶就把赵襄子等三家找来，对他们说："晋国一向是中原的霸主，没想到吴王夫差和越王勾践先后都强大起来了，把霸主地位给抢了去，咱们作为晋国人，应该感到耻辱，现在我们如果能把越国打败，就能把霸主地位给夺回来，不知道你们是不是也和我一样，有这个想法？"

智伯瑶说得在理，大家也都点头称是。智伯瑶接着说："可是我们现在没有那样大的实力，我主张我们每家都拿出100里的土地和户口来归公，公家的收入增加了，才会有钱去征兵丁，实力才会强大，我们才有可能做霸主。"

易经的智慧

三家都知道智伯瑶的说法表面是大道理,可实际上他是为自己家扩大实力做准备,可是三家又各有心事,人心不齐,也无法联合起来。韩康子和魏桓子担心不照智伯瑶说的做,智伯瑶就会攻打他们,所以就老老实实地把土地和户口都交了上去。赵襄子不答应,他说:"土地是先人给我留下来的,我送给了别人就是对祖先的不敬,我不能这样做,韩家和魏家愿意交是他们自己的事,和我不一样。"

智伯瑶听了这话果然十分不满,就让韩、赵两家一同去攻打赵襄子。赵襄子自知不是对手,就退守晋阳。当时晋阳城经过几年的治理后,不仅城墙坚固,而且粮食丰足,百姓也感念赵襄子的恩德,都支持他。三家兵马围了半年,也没能攻下晋阳。

这时,晋阳的箭都用完了,再守下去没有兵器就完了。董安于也死了,就在大家都不知道怎么办的时候,一个谋士对赵襄子说:"我听说当时董安于筑城时,做了三年的守备用箭,我们到下面找找,也许会有新的发现。"

果真,他们在围墙里发现了大量的箭杆木材,并且找到了防守的提示:把华丽的宫殿铜柱子拆下铸箭头。这样,赵襄子又坚守了两年。

直到后来,三家围城久攻不下,起了矛盾。赵襄子趁机联合另外两家,把智伯瑶打败并将其杀掉。

历史上,能够做到"由此知彼"的人很多,这些人不是被奉为先知,就是被看做圣人。那么,他们为什么能先知先觉呢?善于观察、勤于思考是他们共同的特点:诸葛亮能够将每个与他相交之人的心思揣摩得一清二楚,才能轻松应对诸如曹操、周瑜之类善用心机之人,不是因为他能掐会算,而是因为他善于揣摩人心。

处世智慧

观察是最好的老师。善于观察,还要勤于思考。一件事,多从不同的角度考虑,也许会多一种思路。

21　噬嗑卦：恩怨分明

微言大义

噬嗑:亨,利用狱。初九 屦校灭趾,无咎。六二 噬肤,灭鼻,无咎。六三 噬腊肉,遇毒;小吝,无咎。九四 噬乾胏,得金矢;利艰贞,吉。六五 噬乾肉,得黄金;贞厉,无咎。上九 何校灭耳,凶。

噬嗑卦,象征刑罚。亨通顺利,利于施用刑罚。初九 脚上戴上木枷,枷伤了脚趾,没有灾祸。六二 像咬柔软的皮肤一样容易用刑,即使枷伤了罪犯的鼻子,也不会有什么灾祸。六三 施用刑罚惩罚犯人,像咬腊肉一样困难,而且还中了毒,只小有不适,并无大的灾祸。九四 施用刑罚惩罚犯人,像咬带骨的肉一样困难;具有铜矢似的刚正之气,利于占问艰难之事,可获吉祥。六五 施用刑罚惩罚犯人,像咬肉干一样困难,却具有黄铜矢似的刚正之气,占问虽有危险之兆,却不会有什么灾祸。上九 肩上戴上木枷,枷伤了耳朵,必有凶险。

象曰:雷电,噬嗑。先王以明罚敕法。

　　大家都知道,刑罚只是一种手段,目的无非是让犯错之人能够知错改过而已。而《噬嗑卦》所讲到的"刑罚"却是一个广义的概念,指出的是一种恩怨分明的待人接物之法。

　　《噬嗑卦》中的"噬嗑"原为撕咬、吞噬之意,在这里都是一种惩罚和处理矛盾的正确认识。《噬嗑卦》阐释了刑法的原则,治法是治政的根本,为排除障碍,维持良好秩序,往往不得不采取刑罚手段,但在处罚的时候,要秉持正直明察,刚柔相济的原则,恩怨分明,公正执行。

　　北宋名臣范仲淹的儿子范纯仁就是一位将《噬嗑卦》的要义运用自

易经的智慧

如的高手。

宋哲宗时,范纯仁任给事中之职。一次,他听说种古境况不佳,当时就心生不安了,他对家人说:"种古因诬告我而丢了官职,虽然罪有应得,但他还是很有才能的啊,我应该向皇上举荐,请皇上重新启用他。"

家人听后,很是不满,向范纯仁埋怨道:"想当初,种古令你受辱蒙羞,我们还和你一同受罪呢,难道你忘了吗?你不报复他已算是大仁大义了,若要帮他,我们绝不答应。"

范纯仁劝解家人道:"我养德向善,岂能怨恨种古终生?我虽然受到了屈辱,但那也只是一时的,再说了,朝廷反而更加器重我了。所以,我就

> 种古必当
> 痛改前非,
> 以谢大人。

更不应该再恨种古了。"经过范纯仁的力荐,种古遂被朝廷启用。他向范纯仁谢罪说:"我从前和大人为敌,不想大人今日以德报怨,种古必当痛改前非,以谢大人。"

元祐初年,吏部尚书一职空缺,哲宗命大臣提出合适的人选。这时,一位大臣毫不犹豫提出了范纯仁,他说:"吏部尚书一职主管官吏的选拔和考核,因此,担任这一职位的人必须公正无私,而范纯仁正是这样的人,所以我认为他是最佳的人选。"哲宗没有点头,他说:"你的理由并不充分,范纯仁资历尚浅,朕对他并不看好。"

大臣于是说出了范纯仁荐举种古的事例,接着又道:"范纯仁受种古诬告而不怪罪他,这种心胸一般人是少有的。范纯仁举荐种古,完全是抛

弃了私怨,一心为国选才,这种胸襟更是罕见。而且,他屡受委屈,却从不抱怨,依旧秉持一贯的人格和人品,可见,他绝不是见异思迁的小人可以与之相比的。陛下若能任用他,当是大宋之福啊。"

哲宗听罢,不禁感慨道:"范纯仁不愧是忠臣之后,可惜,对于他的事迹,朕知道的实在太少了。从今以后,朕一定要多多倚重他。"

于是,范纯仁被任命为吏部尚书,百官没有一人提出异议。

对待别人身上的错误,我们应该恩怨分明,因为只有这样,才能让别人心服口服地认识到自己的错误并加以改正。对于我们自身所犯的错误,同样需要恩怨分明地处理,正确的坚持,错误的改正,让自己的品行越来越完美。

处世智慧

对就是对,错就是错。对的,一定要坚持;错的,不要吝于改正。只有恩怨分明地看待对与错,才能完善自我,教诲他人。

22 贲卦：内外兼修

微言大义

贲:亨,小利有攸往。初九 贲其趾,舍车而徒。六二 贲其须。九三 贲如,濡如,永贞吉。六四 贲如,皤如,白马翰如;匪寇,婚媾。六五 贲于丘园,束帛戋戋;吝,终吉。上九 白贲,无咎。

贲卦,象征文饰。亨通顺利,对柔小者有所举动有利。初九 修饰其脚趾,弃车徒步而行。六二 修饰尊长的美须。九三 修饰之后再加以润色,占问长久之事可以获得吉祥。六四 修饰得如此素雅,座下的白马又如此纯洁无瑕,前方来者并非贼寇,而是聘求婚配的佳偶。六五 修饰自己的家园,虽然只有一束丝帛,持家艰难,但是终将获得吉祥。上九 用白色装饰,必无灾祸。

象曰:山下有火,贲。君子以明庶政,无敢折狱。

不可否认的是,当今社会越来越重视一个人的外在形象了。而《贲卦》却认为,"贲于丘园,束帛戋戋",意指在装饰上,无需太过注重外表的形式,内在的实质才是最重要的。

在生活中,为了提高我们的自身修养,我们应该多与品德高尚的君子,而不是那些冠冕堂皇、居心叵测的小人交往。正如《贲卦》同样告诫我们,外表华美的人虽然看上去赏心悦目,但是注重自己的品德修养才是最重要的。

汉宣帝时,谏议大夫王吉生性耿直,敢说敢做。他曾多次建议汉宣帝选贤任能,爱惜财力,整顿吏治。但汉宣帝并未采纳,还认为这是王吉的迂腐之见,对其不再信任。为此,王吉以病辞官,回故里闲居。

王吉辞官之后,在长安城里买了一所房子,夫妻二人早起晚睡,勤劳节俭,日子过得很充实。

有一年夏天,酷暑难耐,王吉因劳累身体日益消瘦。妻子看在眼里,疼在心上,总是想方设法地弄些好吃的给他补身体。

他家邻居院里种了一棵大枣树,长得特别繁茂,枝头上有一大片枝叶已经越过了墙头,伸到了王吉的院子里,而且树上结满了串串的红枣,看上去甚是诱人。

秋季到了,成熟的大枣有许多随风脱落,妻子见掉在地上很可惜,就都捡起来,心想正好给丈夫补身体,就清洗干净拿给丈夫吃。王吉见妻子端来一盘大枣,以为是妻子买的,没有多想就吃了起来,妻子见丈夫吃得那么香,心里更是得意,有时就干脆从树上摘几颗给王吉吃。一连几天,王吉天天有枣吃。

有一天,王吉突然问妻子:"夫人,这红枣真好吃,你是从哪儿买来的?"谁料,过了半天,妻子也没有回答,她只是一边织布一边抿嘴笑。

王吉看着妻子的表情越来越感到疑惑,就又问了一遍。这次王吉的声音高了一些,妻子急忙从织布机前走过来,一把捂住王吉的嘴,连忙说:"夫君别那么大声,这枣子是我从邻家树上摘的。"

"什么!你竟敢如此大胆,偷拿别人的东西?这岂不有辱我们王家的名誉!"王吉越说越生气。他一向为人正直,心胸坦荡,怎能容忍自己的妻

73

易经的智慧

子做出这种有违礼数的事情来呢?王吉一时间怒气骤起,竟打了妻子一个耳光,一气之下,将她休回了娘家。可王吉却不知道,妻子原本是为了他,自己连一个枣也没舍得吃。

邻居与王家一直相处得很好,多日不见王吉的妻子,就问其中的原因。一听是因为自家的枣树惹出的祸,拿起斧子就要把枣树砍掉。王吉急忙上前阻拦说:"这绝非您家枣树的过错,而是我治家无方,多有冒犯,实在是我的过错。"

邻居说:"你们夫妻二人感情一向深厚,你怎么能因为我家的几颗枣子就把她休回家了呢?这难道不是我家枣树的过错吗?我们是邻家,即使你夫人不摘,我也应该送一些给你们的,邻里之间,何必计较这些小事呢。你若是不将夫人接回,我一定要将这树砍掉。"左邻右舍的人们也纷纷赶来说情。王吉见邻居和乡亲们诚恳相劝,也就答应将妻子接回来。

妻子在娘家反省了数日后,也觉得自己不对,见丈夫来接自己,心里十分感激,便向丈夫承认了错误。俩人回到家之后,立刻来到邻居家赔礼道歉,邻居被王吉所感动,从此,两家的关系更加密切。

外在美显而易见,而内在美更为长久。相较之下,我们不难看出哪个更重要一点。当然,我们注重培养内心品德的同时,也不要忘了外部形象,毕竟外部形象是我们展现给人们最直观的形象。只要搞好了二者之间的关系,我们会更受人欢迎的。

处世智慧

美必须干干净净、清清白白,在形象上如此,在内心中更是如此。

23　剥卦：适可而止

微言大义

剥:不利有攸往。初六 剥床以足,蔑;贞凶。六二 剥床以辨,蔑;贞凶。六三 剥,无咎。六四 剥床以肤,凶。六五 贯鱼以宫人宠,无不利。上九 硕果不食,君子得舆,小人剥庐。

剥卦,象征剥落。不宜有所举动。初六 剥蚀大床必先损及床腿,床腿受到伤害,占问必有凶险。六二 剥蚀大床已经损及床头,床头受到伤害,占问必有凶险。六三 虽然处在剥蚀之中,却没有什么灾祸。六四 剥蚀大床已经损及床身,势态十分凶险。六五 引导后宫妃嫔鱼贯而入承受君主宠幸,无所不利。上九 果实硕大却未被摘食,君子摘食将会得到大车运载,小人摘食将会剥落房屋。

象曰:山附于地,剥。以上厚下安宅。

《剥卦》的卦象为小地剥顺势而止,谈的是事物有盛必有衰的道理。《剥卦》的卦辞上说:"剥:不利有攸往。"大致意思就是说,衰落之时,不宜于有所作为,引申为人们在做事的时候如果不能做到适可而止,一味蛮干是不会获得好的结果的。

事实也是如此。万事万物有盛就有衰,这是自然规律。如果我们不能顺应自然规律,适度而为,适可而止,自然就会如同《剥卦》的主旨"剥"的命运,被世界无情地"剥"落。而那些深谙适时而退的人却永得善终。

自古以来,适时而退就是官场上的保身秘诀,然而,有一些人却不懂得这个道理,一心想要获得更高的官职与财富,这样的人往往被"剥"掉。

西汉宣帝时,疏广和侄子疏受任皇太子的老师,很得宣帝的赏识,太

易经的智慧

子对两位师傅也很敬重。皇太子每次入宫朝见皇帝时,疏广在前,疏受在后,朝廷内外都为他们父子叔侄俩感到荣耀。

疏广当了5年太子的师傅,对侄子疏受说:"我听说知道满足的人不会受到羞辱,知道止步的人不会跌倒,如今我们做官做到了两千石,不是应该满足了吗?我们为何不辞官返回乡里,没有危险,没有祸患,安安稳稳地度完余生呢?"疏受叩头说道:"全凭大人决定。"

于是,二人上疏请病假,3个月的病假满了后,又上疏说病重无法工作,请求辞官。

宣帝同意两人辞官,并赐给黄金20斤,太子又送给两位师傅黄金50斤。两人出京返乡之日,公卿士大夫都聚集都门为两人饯行,看到两人远去,许多人都称赞道:"贤明君子啊,两位大夫。"

疏广和疏受回乡后,用皇帝和太子赏赐的黄金,天天邀集乡中父老亲朋饮酒欢乐,逍遥卒岁。

事物发展到一定的程度,都会有终止的时候。不违背这个规律,我们的利益才不会受到损害。正如疏广、疏受叔侄二人,他们"知足""知止",适时而退,最后,不仅衣锦还乡,还得了个逍遥而卒岁。

处世智慧

凡事都有一个度,掌握好了,就事半功倍。掌握不好,就事倍功半。

24 复卦：迷途知返

微言大义

复:亨,出入无疾,朋来无咎;反复其道,七日来复。利有攸往。初九 不远复,无祗悔,元吉。六二 休复,吉。六三 频复,厉无咎。六四 中行独复。六五 敦复,无悔。上六 迷复,凶,有灾眚。用行师,终有大败;以其国,君凶;至于十年不克征。

复卦,象征复归。亨通顺利,或出或入都无疾病,友朋前来也无灾祸,沿着一定的规律返转复归,只需七日就是一个来回,利于有所举动。初九 行而不远就适时复返,没有大的悔恨,大吉大利。六二 高高兴兴地复返,必获吉祥。六三 频繁地复返,必有危险,但还不至于有什么灾祸。六四 居中行正,独自复返。六五 敦厚诚信地复返,不会遭遇困厄。上六 误入歧途又不知复返,必遭凶险,将有灾祸;兴兵征战,最终将会大败,并危及君王,前景非常凶险;以至于十年之久不能兴兵征战。

象曰:雷在地中,复。先王以至日闭关。商旅不行,后不省方。

世间道路何止千万,一时走错也在所难免。只要适时地调整路线,改正之后一样可以到达目的地。这便是《复卦》所讲的道理——迷途知返。

《复卦》中的"复"是恢复的意思。一个人犯了过错,趁尚未造成严重后果之前,必须及时反省改善,否则积重难返,后悔晚矣。这就是《复卦》的本质含义。此外,上六上说:"迷复,凶,有灾眚。用行师,终有大败。"意思是说,误入歧途还不知悔改,不愿更正,必定会有凶险,发生灾异。

郭子仪是唐朝大将,威望很高。他的儿子郭晞年少有为,但是因为父亲位高权重,多少有些骄纵。有一年,吐蕃、回纥兵逼近邠州,郭子仪想锻

易经的智慧

炼一下郭晞,就派他带兵去协助邠州节度使白孝德防守。

因为骄傲,郭晞对部下要求并不严格。有一次,他的士兵因为一些小事,动手打了地方上的百姓,他知道后只是一笑了之,并没有处罚那个士兵。此事更助长了那些士兵的嚣张气焰,他们更加猖狂了。地方上的一些混混找到了机会,觉得在郭家军里当个士兵就相当于找了一个靠山,于是纷纷找熟人,在郭晞军营中当起了士兵。他们相互勾结,串通一气,殴打抢掠,无所不为。百姓深受其害,怨声载道。

在这种情况下,白孝德委托泾州刺史段秀实去管理地方治安。段秀实下决心要让邠州百姓过上安定的生活,不再为郭家军所害。

有一天,郭晞军营里有17个士兵酗酒闹事,刺伤了酒店的店主,还砸了他的店。

段秀实知道后,派人把17名酗酒闹事的人全都抓了起来,并将他们就地正法,邠州百姓人人拍手称快。

郭晞听到有人居然敢杀自己的兵,怒气冲天,他的士兵们也都炸了营,纷纷穿戴好盔甲,只等郭晞下令直捣邠州府找段秀实报仇。

白孝德非常害怕,对段秀实说:"你可给我闯了大祸,郭家军要杀过来了,这如何是好呢?"

段秀实说:"白公不要害怕,我这就去对付他们。"

他解下佩刀,选了一个跛脚的老兵替他拉着马,一起到了郭晞军营。

郭晞的士兵们全副武装,在营门口杀气腾腾地拦住了段秀实。

段秀实泰然自若,笑着走进营门,说:"我是提着自己的头来的,快叫你们将军出来吧。"

士兵们被段秀实的大义凛然震住了,连忙报告郭晞。段秀实见了郭晞,非常尊敬地作了一个揖,说:"郭令公为国杀敌,立了那么大的功劳,人人都敬仰他。现在您的这些士兵目无法纪,在地方上为非作歹,这样下去,百姓们不大乱才怪呢!在国难当头外敌入侵的时刻,如果国家再发生大乱,我们的国家就完了,你们郭家的功名也就完了。"

郭晞听了,猛然惊醒过来,说:"段公此言有理,如雷贯耳,我一定听您的劝告。"他回过头对左右士兵说:"传令下去,全军兵士一律卸下盔甲,回营休息。如果再敢胡闹,一律处死!"

当天晚上,郭晞把段秀实留下来喝酒。夜里,郭晞还派人保护段秀实。第二天一早,郭晞就跟随段秀实向白孝德道了歉。

有了错误必须有所觉悟,然后改正,才能走上光明之路。若是有错而不思悔改,或者口是心非,那只能在错误的道路上越走越远。

处世智慧

"经一蹶者长一智,今日之失,未必不为后日之得。"年轻的时候犯点错不可怕,可怕的是不知道自己错了,甚至知错不改,这样的人生路可就黯淡了。

25 无妄卦：不妄为

微言大义

无妄：元亨，利贞。其匪正有眚，不利有攸往。初九 无妄，往吉。六二 不耕获，不菑畬，则利有攸往。六三 无妄之灾，或系之牛，行人之得，邑人之灾。九四 可贞，无咎。九五 无妄，之疾，勿药有喜。上九 无妄行有眚，无攸利。

无妄卦，象征不妄为。大吉大利，有利于占问。不持守正道则有灾异，不宜有所举动。初九 不妄为，有所作为必获吉祥。六二 不耕耘而想收获，不垦荒而想有良田耕种，有利于有所举动。六三 遭遇到意想不到的灾祸：有人在这里拴了一头耕牛，路人把它顺手牵走据为己有，邑中人家将遭受缉捕之祸。九四 可以占问，没有灾祸。九五 患了意想不到的疾病，无须用药治疗就自会痊愈。上九 不妄为，行事却有灾祸，没有什么好处。

象曰：天下雷行，物与，无妄。先王以茂对时育万物。

为人处世，虽然应该敢作敢为、不拘小节，但是，凡事都应该把握一个度，如果一味地我行我素，胡乱作为，一定会吃到苦头，这也是人生的一大忌。

《无妄卦》所说的"无妄"指的是没有虚妄。它的卦辞上说："无妄：元亨，利贞。其匪正有眚，不利有攸往。"正是要求我们在行为上不轻举妄动，在语言上以低姿态示人说话，否则必遭"无妄之灾"。

汉武帝时最有名的大将军卫青就是一个不妄为的将军，因此他受到了汉武帝的器重。

在卫青出兵定襄之时，古将军苏建、前将军赵信的军队合为一军，共三千多骑兵，独遇匈奴单于的军队。两军交战一天多的时间，汉军几乎全

● 易经的智慧

军覆灭。

赵信被俘投降了匈奴，苏建却只身回到了军中。卫青帐下的议郎周霸说："自从大将军出征以来，还不曾杀过副将。如今苏建弃军而回，应该将他斩首，以表明大将军的威严。"军中有个叫安的长史说："不能这样做！苏建以几千士兵抵抗数万敌军，奋力苦战一天，士卒都不敢有二心，全军战死。现在他自己死里逃生，返回大营，说明他没有背叛汉朝的心意，如果自己归来而被杀死，这是告诉后来的人，谁要是战败了，就不要再回来，不如投降的好，所以不能斩他。"卫青说："我卫青侥幸以皇帝亲戚的身份在军队中当官，不忧虑没有尊严，而周霸劝我以斩副将来树立我个人的威严，大失做人臣的旨意。再说，虽然大将军出使在外可以斩部将，但以我的尊严和宠幸，也不敢在京城之外擅自诛杀部将，还是把他送到皇上那里去吧，让皇上自己裁决，由此表现出做臣子的不敢专权的忠心，不也是很好吗？"于是，卫青将苏建囚禁起来送至汉武帝审批，汉武帝果然赦免了他的死罪。

处世智慧

真正的聪明人理性都是胜过感性的，不该做的事从来都不妄为，能够以低姿态去待人和处世，这也是他们遇不上"飞来祸"的奥秘。

26 大畜卦：修名不如修德

微言大义

大畜：利贞；不家食吉；利涉大川。初九 有厉，利已。九二 舆说輹。九三 良马逐，利艰贞；日闲舆卫，利有攸往。六四 童牛之牿，元吉。六五 豮豕之牙，吉。上九 何天之衢，亨。

大畜卦，象征大有积蓄。有利于占问。不求食于家，而食禄于朝，必获吉祥。宜于涉越大川巨流。初九 有危险，宜于暂时停止前行。九二 车身与车轴分离。九三 骏马奔驰，利于占问艰难之事，终日练习车马防卫技能，宜于有所举动。六四 在无角小牛头上拴一根横木，至为吉祥。六五 把小猪拴在木桩上以防止它跑掉，可获吉祥。上九 何其畅通的通天大道！亨通顺利。

象曰：天在山中，大畜。君子以多识前言往行，以畜其德。

《大畜卦》以"大畜"为卦名，意为积蓄、畜养。初九上指出"有厉、利已"，意思是说有危险，宜于暂时停而不动。因此，"大畜"又有停止的意思。《大畜卦》的卦象上说"君子以多识前言往行，以畜其德"，意思是让人们多学习前贤圣人的言行，努力修身养性，以丰富德业。

然而，事实却不是如此。人们往往更喜欢追名逐利，而不去积攒德行。历史上许多大的灾祸，就是由此而引发的。正所谓"修名不如修德"，修德者可以独善其身，而修名者往往身败名裂。

唐朝战功赫赫的大将郭子仪就是一个修德之人，因此成名后才能在官场中安身自保。

郭子仪在平定安史之乱和抵御外族入侵中屡立奇功，在朝野中的威望越来越高,但却遭到了皇帝身边的红人、太监鱼朝恩的嫉恨,他多次向皇帝进谗,百般诋毁郭子仪。

郭子仪面对诬陷,却是心平气和,没有一点怨愤的样子。他手下的将士说他懦弱,对他说:"将军手握重兵,功高无比,如果不惩治那些小人,他们会更肆无忌惮了。只要您一声令下,我们就会杀了那些朝中小人,绝不连累将军。"

郭子仪制止了他们,说:"现在国家有难,我们应该齐心协力,共同抗敌。如果我随便发怒,与敌人相抗,造成朝中不和,敌人就会有机可乘了。自古就有忠有奸,我不能因为私怨而坏了国家大事啊,请你们明白我的苦心。"

郭子仪高风亮节,鱼朝恩却认为他软弱可欺,他轻蔑地对自己的同党说:"郭子仪只不过是一介武夫,只会领军打仗,什么权谋都不懂。他现在不敢喊冤叫屈分明是怕了,只要再加把劲他就要完蛋了。"

一次,郭子仪小有失败,鱼朝恩便借机向代宗诬陷他用兵不利,结果唐代宗夺了郭子仪的兵权,把他召回朝中,改任闲职。人们为他感到不平,郭子仪反倒安慰众人说:"我出征在外多年,回朝正好可以歇息调养。这并不是件坏事,你们应该为我高兴才是啊!"

郭子仪的儿子心中愤怒,对父亲说:"奸人不识好歹变本加厉,父亲还要忍他们到何时啊,父亲如果当初和他们对着干,就不会落到这步田地。"

郭子仪教训儿子说:"我身为统帅,皇上总是放心不下的。奸人害我,因为奸人深受皇上的信任,他们这才敢对我下手。我若以力相抗,事情只会变得更坏,他们苦苦相逼,就是让我走入他们的圈套啊!"

郭子仪猜想得一点不错,鱼朝恩等人就是想逼迫他抗争,他们好借机把郭子仪置于死地。郭子仪没有上当,躲过了大的劫难。

后来,鱼朝恩又趁郭子仪在外征战的时候,派人挖了郭子仪的祖坟,抛骨扬灰。郭子仪领兵回朝后,众人无不认为会掀起一场血雨腥风,不料当代宗忐忑不安地提及此事时,郭子仪伏地大哭,说:"臣将兵日久,不能禁阻军士们残人之墓,这是天谴,不是人患。"鱼朝恩也没想到郭子仪会如

易经的智慧

此的大度,一时又是惊讶又是深深地佩服。从此以后,他再也不与郭子仪为敌,反而处处维护他。

积攒名声只能招来小人们更多的忌妒,给他们更多攻击自己的借口;而积攒德行,则在修身的同时,不给小人们任何报复的机会,在无声无息间消灾避祸。

处世智慧

"树高者鸟宿之,德厚者士趋之。"修个好名声,不如修个好德行,再好的名声也有被遗忘的时候,好的德行,可以传给后代,成为后人的榜样。

27 颐卦：慎奢节欲

微言大义

颐：贞吉；观颐，自求口实。初九 舍尔灵龟，观我朵颐，凶。六二 颠颐；拂经，于丘颐，征凶。六三 拂颐；贞凶，十年勿用，无攸利。六四 颠颐，吉；虎视眈眈，其欲逐逐，无咎。六五 拂经，居贞吉；不可涉大川。上九 由颐，厉吉，利涉大川。

颐卦，象征颐养。占问则必获吉祥。观察事物的颐养现象，应当明白颐养之道是自谋口中食物。初九 舍弃你卜得的龟兆，而观看我隆起的两腮，必有凶险。六二 两腮不停地颠动，违逆事理；向高处寻求颐养，兴兵征战必有凶险。六三 违逆颐养之道，占问则有凶险，十年之内不可施展才能，否则将没有什么好处。六四 两腮不停地颠动，可获吉祥。像猛虎那样双目圆睁眈视一切，急欲不断地得到食物，必无灾祸。六五 虽然违逆事理，但占问安居之事，可获吉祥。不可涉越大川巨流。上九 从两腮看虽有危险，但仍会获得吉祥，利于涉越大川巨流。

象曰：山下有雷，颐。君子以慎言语，节饮食。

《颐卦》中的"颐"有颐养之道的意思，《颐卦》意指君子应该修德养身，一要谨慎言行，避免灾害；二要节制饮食，修身养性。六二"颠颐；拂经，于丘颐，征凶"，六四"虎视眈眈，其欲逐逐，无咎"中说的就是这个道理。节俭与节欲的话题，几千年来一直都是热门。战国时的韩非曾说"祸莫大于可欲"；三国时的诸葛亮也曾说"防奸以政，去奢以俭"；秦朝的吕不韦在《吕氏春秋》上也记载着"欲无度者，其心无度。心无度者，则其所为不可知矣"。这些无一不证明过度奢侈，必将带来大的祸患。

易经的智慧

隋朝开国皇帝杨坚,是一位励精图治的明君。他在位期间,把节俭作为基本的治国方针。他不但要求百姓们这样做,自己也以身作则。他平时吃饭穿衣都很简朴,后妃也穿旧衣服。

太子杨勇得到了一副精致的铠甲,经常拿来赏玩。有一次,隋文帝见了,就批评他道:"自古以来的帝王,没有奢侈华贵而能长治久安的。你身为太子,应当注重节俭。"由于隋文帝的倡导,达官贵人也比较节俭。他们大都不敢穿绫罗绸缎,也不佩戴金玉装饰品。在隋文帝即位的20多年里,国家统一、安定,农民的负担较轻,经济繁荣发展。长安、洛阳一带修建了许多大仓库,储积的粮食、布帛,一直用到唐朝初期。全国人口增加将近一倍。

隋文帝在位时,隋朝出现鼎盛的局面。《文献通史》上说:"古今称国计之富者莫如隋。"文帝临终时,国库的积储可供全国五六十年的正常使用。

后来,杨勇因奢侈挥霍被废除太子之位,杨广为达到当太子的目的,远离女色,礼敬大臣而得宠,他就是后来的隋炀帝。

杨广做了皇帝后,一改往日的假面具,恢复穷奢极欲的本性。他不再怜惜民众,大肆剥削,肆意浪费,而且刚愎自用,不喜欢听从劝谏。他依靠隋文帝的积累,自恃国家的富强,骄奢淫逸,不恤民力,大肆兴役;掘长堑,营东都,开运河,修长城,筑宫室;耀威于周边各国,夸富于临近各族;没有节制地巡游,接二连三地发动战争,激化了民族矛盾,最终落得个身死国灭的可悲下场。

俗话说,"由俭入奢易,由奢入俭难",一个人在有条件的时候,若是对自己不加以克制,堕入奢靡之中是很容易的,但是当他没有条件之后,再想由奢靡逐步回归节俭却是难上加难。因此,无论我们身处何时、何地,都不应该放纵自己去奢侈,扩张自己的欲望。

处世智慧

"历览前贤国与家,成由勤俭破由奢。"无论什么时代,节俭的美德都不应该放弃。

28　大过卦：示弱藏锋

微言大义

大过:栋桡;利有攸往,亨。初六 藉用白茅,无咎。九二 枯杨生稊,老夫得其女妻;无不利。九三 栋桡,凶。九四 栋隆,吉;有它,吝。九五 枯杨生华,老妇得其士夫;无咎无誉。上六 过涉灭顶;凶,无咎。

大过卦,象征大有过越。大梁弯曲,利于有所举动,亨通顺利。初六 用洁白的茅草铺地以陈放祭品,没有什么灾祸。九二 枯槁的杨树发出新枝嫩芽,年迈的老汉娶了个年轻的娇妻,无所不利。九三 大梁弯曲,必有凶险。九四 大梁隆起,可获吉祥。但是如果发生意外情况,则行事必定艰难。九五 枯槁的杨树开出新花,年迈的老太婆嫁了个年轻的美丈夫,虽然没有什么灾祸,但是也得不到称誉。上六 盲目涉水过河,大水淹没了头顶,将有凶险,但最后会遇救而没有什么灾祸。

象曰:泽灭木,大过。君子以独立不惧,敦实无闷。

《大过卦》中的"过"有过关、过度、过分之意,九三说"栋桡,凶",意思是说,过分刚强,过于自负,将得不到辅佐,往往会招致危险,也就是我们所说的盲目致祸。九四中说"栋隆,吉;有它,吝",这就向我们讲述了如何避免"过"的方法。认为过刚就要以柔来辅,强调若想避免"过",必须以刚用柔。

任何事情都是一样,如果过于自负,在做事的方法上就会显现出刚强的一面。盲目行事,必然会导致失败的结局。

1805 年,拿破仑在与第三次反法同盟作战的过程中,奥俄联军大败,拿破仑乘胜追击奥俄军到达奥斯特里茨。

俄国沙皇亚历山大调来了精锐的部队,认为自己的实力强过拿破仑,是夺取战争胜利的绝佳时机。此时的拿破仑也在密切关注着亚历山大的动向,决定采用迷惑战术。

11月3日,拿破仑给外交大臣塔列朗写信,让他向外宣布法军目前处境相当困难。与此同时,拿破仑命令法军从前沿阵地开始后撤,做出打算退兵的样子。

11月25日,拿破仑派其侍卫长萨瓦里将军打着休战旗前往联军司令部,向年轻的沙皇亚历山大递交一封国书,建议进行停战谈判。而且,拿破仑特别指示萨瓦里,叫他请求沙皇,同意与拿破仑单独会晤,如果亚历山大不愿意与拿破仑会见,那就建议他派一个全权代表来法军大本营进行谈判。听到这一切后,亚历山大觉得拿破仑已经害怕了,必须趁此机会把他打倒,一定不能放过他。尽管库图佐夫极力阻止,亚历山大主意已定,丝毫不顾他的主张。

亚历山大派自己的侍卫长道戈柯夫公爵回访,目的是观察拿破仑的动静。谁料拿破仑早已识破,在会见道戈柯夫公爵时,抓住时机,制造假象,进一步欺骗对手——他故意摆出一副精疲力竭的样子,但也表演得恰到好处,又不失大国皇帝的尊严。而在会见结束时,他吞吞吐吐地拒绝了沙皇使者提出的关于放弃意大利和其他一些占领地的利益,这使沙皇使者觉得拿破仑实在是信心不足。

几天后,俄、奥皇帝经过会晤,决定立即向"正在退却的、削弱了的拿破仑军队进攻",此举正好中了拿破仑的计谋。

12月2日,在奥斯特里茨村以西、维也纳以北120千米的普拉岑高地周围,展开了大会战。拂晓之前,俄奥联军开始进攻,大有不可一世之势。

成竹在胸的拿破仑从望远镜里密切地注视着敌军的行动。上午九时左右,拿破仑一直等待的时机终于来了,他透过逐渐消散的晨雾,看到俄军正自动撤离普拉岑高地,于是立即命令两个加强师转入进攻,迅速从普拉岑高低北侧攻占了该高地,从而将敌军切成两段。俄军受到侧面攻击,秩序大乱,向西方溃逃。当时俄国沙皇亚历山大和总司令库图佐夫以及

易经的智慧

他的司令部全部跟在这支纵队之后,因而失去了对联军的控制,首尾无法相顾。拿破仑完全控制住普拉岑高地之后,随即命令近卫军和骑兵师及两个步兵师向敌人展开全面猛烈的进攻。面对这一无法抵挡的洪流,联军很会就溃散了。只有少数人逃往布尔诺方向,大部分被压缩到了狄尔尼兹刚刚结冰的湖面上。这时,普拉岑高地的法国士兵开始向湖面进行

猛烈的轰击。顷刻间,冰碎炮翻,士兵纷纷落水,成千上万的人葬身湖底。夜幕降临,一切都结束了。拿破仑在一群军官的陪同下,在从四面八方跑来的士兵的欢呼声中,踏着敌人和战马的尸体视察了战场。

拿破仑虽然自负,但他并不盲目行事,他懂得在怎样的战争中应该用怎样的策略。亚历山大的自负,使他无数的士兵付出了生命的代价。

处世智慧

即使拥有绝对的优势,适当的示弱也是必要的,这样会使敌人麻痹,自己获胜的机会就更大。

29　坎卦：注重细节

微言大义

习坎：有孚，维心亨；行有尚。初六 习坎，入于坎窞，凶。九二 坎有险，求小得。六三 来之坎坎，险且枕，入于坎宫。勿用。六四 樽酒，簋贰，用缶，纳约自牖，终无咎。九五 坎不盈，祗既平，无咎。上六 系用徽纆，寘于丛棘，三岁不得，凶。

坎卦，象征重重险难。具有诚信之德且能维系于心，亨通顺利，行事必获奖赏。初六 面临重重险难，又落入陷穴深处，必有凶险。九二 在陷穴中遭遇险难，从小处谋求脱险必能得逞。六三 来来去去都处在险难之中，陷穴既险又深。且落入陷穴深处，暂时不宜施展才能。六四 把一樽薄酒，两筐淡食，用瓦罐盛起来，并通过窗口接收信约，最终不会有什么灾祸。九五 陷穴尚未满盈，到需要安定时则险难自平，没有灾祸。上六 用绳索把犯人捆绑起来，并囚置于荆棘丛中，三年不得解脱，必有凶险。

象曰：水洊至，习坎。君子以常德行，习教事。

"细节决定成败"，现在，关于细节的话题越来越多，人们更是越来越重视细节，那么，细节到底是什么呢？细节不过是我们在日常生活中，经常被忽略的小处。

《坎卦》的"坎"有灾难、危险的意思，这一卦主要讲的就是如何脱困、脱险。九二上说："坎有险，求小得。"指出在遇到危险困境的时候，从小处谋求脱险必可成功，也就是我们所说的注意细节。

东汉末，曹操挟天子以令诸侯，实力强大。刘备虽为皇叔，却势单力薄，不得不投奔曹操，整日在住所后院的园子里种菜养花，韬光养晦。关

易经的智慧

羽、张飞蒙在鼓中,说刘备不留心天下大事,却学小人之事,而曹操却屡次想试探刘备的虚实。

一日,曹操趁关、张二人不在,派人请刘备吃酒。刘备只得随来人入府拜见曹操。

曹操绵里藏针地说:"你学种菜实在不容易呀!"刘备才放下心来,说:"没有事消遣消遣罢了!"曹操说:"刚才看见园内枝头上的梅子青青的,想起了一件往事,今天见青梅不可不赏,恰逢煮酒正熟,故邀你到小亭一会。"于是,刘备便随曹操来到小亭,发现里面诸物齐备,盘置青梅,一樽煮酒。二人对坐,开怀畅饮。

酒至半酣时,突然阴云密布,大雨将至。随从将天边挂着的"长龙"指给二人看,曹操借题发挥,随即问:"你知道龙的变化吗?"刘备说:"知道一点,不太详细。"曹操说:"龙能大能小,能升能隐;大则吞云吐雾,小则隐介藏形;升则飞腾于宇宙之间,隐则潜伏于波涛之内。龙作为动物,可比作世上的英雄。你长期以来,游历四方,一定清楚当世英雄。依你看,当今世上谁可以称作英雄呢?"

刘备装作愚钝的样子,谦逊地说:"我肉眼凡胎,哪里识得英雄?"曹操说:"你就不要太谦虚了吧!"刘备仍然装糊涂:"我得到您的庇护,除了您之外,我哪里认识什么英雄啊!"曹操说:"那么,你总该听到一些堪称英雄的名字吧。"

刘备只得随机应变,于是举出袁术、袁绍、孙策等人,说他们堪称英雄。曹操听后,只是笑着摇头。刘备只好说:"除这些人之外,我实在不知道了。"

曹操说:"所谓英雄,是指胸怀大志、腹有良谋、有包藏宇宙之机、吞吐天地之志的人啊!"刘备说:"那么依您看,谁又有资格被称作英雄呢?"

曹操用手指指刘备,又指指自己,说:"当今天下的英雄,只有你和我了!"

刘备一听,吃了一惊,吓得手中的筷子也掉在地上。正好在这时,突然下起了大雨,雷声大作,刘备随即从从容容、不动声色地俯下身子,捡起了汤匙和筷子,不紧不慢地说:"雷声一震竟有如此大的威力,吓得我的匙筷都掉了。"曹操这才放心地说:"大丈夫也怕打雷吗?"刘备说:"连圣人面对迅雷烈风时都会失态,何况我这样的凡夫俗子呢?"刘备经过这样的掩饰,曹操果然认定他是一个胸无大志、胆小如鼠的俗人,从此也就不再怀疑刘备了。

后来,刘备离开曹营,自立门户,终于三分天下有其一。

每一个细节表面看上去都微不足道,然而,有时它却是整件事成败的关键。

处世智慧

大礼不辞小让,细节决定成败。

30 离卦：稳中求胜

微言大义

离:利贞,亨。畜牝牛吉。初九 履错然,敬之,无咎。六二 黄离,元吉。九三 日昃之离,不鼓缶而歌,则大耋之嗟,凶。九四 突如其来如,焚如,死如,弃如。六五 出涕沱若,戚嗟若,吉。上九 王用出征,有嘉折首,获匪其丑,无咎。

离卦,象征运行不息。有利于占问,亨通顺利。畜养母牛,必获吉祥。初九 办理事务谨慎郑重,态度恭敬,必无灾祸。六二 黄色附着于物,大吉大利。九三 太阳将要落山,垂垂悬附在西天,若不击缶而歌,将有老暮穷衰之嗟叹,必遭凶险。九四 不孝之子突然返回家中,家人就将他焚烧,治死,抛弃。六五 洒下的泪水如大雨滂沱,忧伤嗟叹,但终将获得吉祥。上九 君王用兵出征,有令嘉奖折服首恶之人,捕获的即使不是其同伙,也没有什么灾祸。

象曰:明两作,离。大人以继明照于四方。

俗话说:"心急吃不了热豆腐。"做事情,应该保持一种不急不躁、镇定从容、有序进行的作风。反之,可能不仅做不好事情,还会使事情越变越糟。日常生活中,不经意间,我们也常常会听到人们扯开嗓门在喊:"稳住、稳住、别着急!"可见,稳步进取,不急不躁才是正道。

《离卦》初九上说"履错然,敬之,无咎",正是劝谏我们做人、做事一定要从容镇定、戒急躁,因此,稳中求胜的重要性就越发突出了。

明末清初时有一位隐士叫傅山。明朝灭亡的时候他便隐居不出,号称居士。傅山学识非常渊博,不仅通晓经史、诸子、佛道、医药等学问,对诗文、书画、金石也很精通,尤其以韵律见长。他是位多才多艺的罕见人物,对后人影响很大。

傅山自幼天资聪颖,是远近皆知的神童。他从小就读四书五经,并且很有骨气。傅山对他的儿子要求也很严格。他常常到四方周游,总是让儿子们跟他的车子一起走。晚上到了旅舍中,他就点上灯,督促儿子们读经史。每天晚上读过后,第二天早晨一定要让儿子们背诵下来。如果背诵不出,他便用杖责打。他对儿子们说:"即使这样能记,也不过能维持三五年的时间。过了30岁就忘记了十之五六,过了四十岁就忘记了十之七八,随看随忘,就不会剩下多少了。所以学习一定不能急于求成,而是应该把这些东西与你们的生活结合起来去学,一点一点积累,久而久之就形成了自己的东西,你们也就真正有学问了。"

他的儿子说:"人们都说您聪明,什么事情一学就会,我们怎么能和您相比呢?"

傅山耐心地鼓励儿子们说:"人的天资都差不多,关键是要善于积累。你们的天资都属中上,算是可以读书的,此时正是精神旺盛的时候,应该专心致志地读书才对。"

他的儿子们还是有些不解地问道:"现在我们已经读了很多的书,为什么不能像您一样去著书立说呢?"

傅山向他们解释说:"你们还没有达到这种水平,做事不要急于求成。

易经的智慧

要著书立说,一定要有基础,等到你们笔性老成、见识坚定的时候,你们若想著书就不是什么难事了。"

傅山接着又说:"读书也要有选择,除经书外,《史记》《汉书》《战国策》《左传》《国语》《管子》、骚、赋都要认真细读,其他的就按你们自己的喜好,略读一下就可以了。主要的问题是不要投机取巧,不要梦想一日就能成名,这就好像是盖房子一样,没有打好基础是不能盖成好房子的。所以学习不能急于求成,只有持之以恒,日积月累,才会有所收获,有了一定的积累,而后才能按自己的意愿行事。"

傅山除告诫儿子认真读书外,还为他们开具了所读书目,要求他们按照所提到的书籍认真细读,教子之心可谓良苦。他的儿子们按照父亲的教诲,苦读诗书,注重知识的积累,后来都成为有学问的大家。

"一口吃个胖子""一步登天"的事情总是可望而不可即的,我们也不能期盼着人生、事业能够一步成功。每一位想获得成功的人都应该从内心里谨记"心急吃不了热豆腐"这句话。

处世智慧

事业常成于坚忍,毁于急躁。稳中取胜,细节取胜。

31　咸卦：唇齿相依

微言大义

咸:亨,利贞;取女吉。初六 咸其拇。六二 咸其腓,凶,居吉。九三 咸其股,执其随,往吝。九四 贞吉,悔亡;憧憧往来,朋从尔思。九五 咸其脢,无悔。上六 咸其辅颊舌。

咸卦,象征感应。亨通顺利,有利于占问。娶此女为妻,可获吉祥。初六 交相感应在脚拇指,它因势而动。六二 交相感应在小腿肚,必有凶险;但是如果居家不出,则可获吉祥。九三 交相感应在大腿,执迷盲从追随他人,有所举动则行事艰难。九四 占问可获吉祥,困厄将会消亡;虽然你心意不定、思绪不绝,但朋友最终会顺依你的想法。九五 交相感应在脊背,则不会遭遇困厄。上六 交相感应在口舌,牙床、面颊、舌头都因势而动。

象曰:山上有泽,咸。君子以虚受人。

《咸卦》的卦辞上说:"咸:亨,利贞。"其中的"咸"在这里做"感"讲,感应的"感"。上六说,"咸其辅颊舌",意思是说,交相感应在舌、面颊、舌头都因势而动。引申来说就是,唇舌之间是相互感应的,它们之间有着一荣俱荣、一损俱损的关系。因此,人们才有"唇亡齿寒"的论断。

在成功的路上需要别人相助,在灾难时更需要别人援手。然而,有些人却不懂得"唇亡齿寒"的道理,为了一己私利,往往做出"过河拆桥"的行动,结果是自食恶果,损人不利己。

元朝末期,陈友谅追随徐寿辉造反。由于他敢打敢杀,不久就被提拔为大将。

当时,在徐寿辉的手下比陈友谅官职高的倪文俊瞧不起他,动不动就

易经的智慧

辱骂他,说他居功自傲。于是陈友谅怀恨在心,想杀了倪文俊。

陈友谅的心腹劝他想开些,说:"倪文俊并没有夸大你的毛病,他说出来也是对你有好处的,而且他又不是你的上司,你不应有杀他之心。做大事要有大器量,这点小事若不能忍耐,只怕人们不会诚服你。"陈友谅根本听不进去。恰好此时倪文俊谋害徐寿辉未成,逃到黄州,陈友谅趁机杀了倪文俊,兼并了他的军队,自称宣慰使,随后改称平章,掌握了天完政权的实权。

另一位大将赵普胜看不惯陈友谅的骄横,和他保持距离。陈友谅还要攻打他,有人就劝说道:"你四面出击,谁都想杀,就不会有人真心为你卖命了。如果我们自相残杀,敌人就有了可乘之机,那时,我们就真的是自取灭亡了。现在这个时候,你应当广结人缘,培养自己的势力,而不是树立敌人啊!"陈友谅还是不听,设计杀了赵普胜。他手下的将士都感到心寒。

至正十九年(1359)12月,陈友谅杀了徐寿辉的左右侍臣,挟持徐寿辉,自称汉王,至正二十年(1360)5月,陈友谅杀害了徐寿辉,自立为帝。一时间,军心士气大落,逃跑的士兵占了大部分,陈友谅的实力也因此明显削弱了。最后,陈友谅被朱元璋打败,丧了命。

其实,朱元璋的实力不如陈友谅,是陈友谅自毁长城,才会有这样的结局。他处处排斥异己,心狠手辣,殊不知"唇"亡了,"牙齿"是要受冻的。

《三国志·魏书·鲍勋传》上说："盖以吴、蜀唇齿相依,凭阴山水,有难拔之势故也。"正是由于吴蜀懂得"唇亡齿寒"的道理,才得以抵御强大的魏军,使三国鼎立的局面维持了相当长的一段时间。

处世智慧

辅车相依,唇亡齿寒。

32 恒卦：持之以恒

微言大义

恒：亨，无咎，利贞，利有攸往。初六 浚恒，贞凶，无攸利。九二 悔亡。九三 不恒其德，或承之羞；贞吝。九四 田无禽。六五 恒其德，贞；妇人吉；夫子凶。上六 振恒，凶。

恒卦，象征恒久。亨通顺利，没有灾祸；有利于占问，利于有所举动。初六 有所追求，持续得过于恒久，占问必有凶险，没有什么好处。九二 筮得此爻，困厄将会消亡。九三 不能恒久地保持美德，有时会蒙受耻辱，占问则行事艰难。九四 打猎没有捕获禽兽。六五 恒久地保持美德，占问妇人之事，或获吉祥；而占问男人之事，则有凶险。上六 振动不安，变化无常，不能持恒守德，必有凶险。

象曰：风雷，恒。君子以立不易方。

《恒卦》重点揭示的就是"恒"，持之以恒的"恒"。九三上说："不恒其德，或承之羞。"认为不能持之以恒地保持美德，便会受辱、蒙羞。

俗话说："不怕慢，就怕断。"我们只有持之以恒地追求正确的事情，才能获得成功。明太祖朱元璋在统一战争中，依靠了一批英勇善战的将领争城夺地，又吸收了一些谋士帮他出谋划策。在这些谋士中，刘基是最著名的一个。

刘基就是刘伯温，本来是元朝的官员，因为对元朝的政治腐败不满意，常常写文章讽刺时事，后来，他被解职回到家乡青田。朱元璋的军队打到浙东的时候，把刘基请出来，作了谋士。刘基的心中常装着百姓，经常关注百姓的疾苦，这也为朱元璋拉拢民心起到了不小的作用。由于他足智多谋,朱元璋把他比作西汉初年的张良。刘基不但谋略好,而且精通天文。在古代,往往把天文现象跟人间的吉凶联系在一起。刘基对天下形势观察仔细,考虑问题周到,他的预见往往比较准确,大家都认为这与他精通天文有关。民间传说把刘伯温看作一个"未卜先知"的人物。

朱元璋当吴王的时候,江南发生了一场旱灾。刘基掌管天文,朱元璋问他为什么发生大旱,怎样才能求上天下雨。刘基说:"天一直不下雨,是因为牢狱里关押的人有冤枉。"

朱元璋信了刘基的话,派他去查牢监里关的犯人。刘基一查,果然有不少冤案。他向朱元璋奏明后,平反了冤案,把错抓的人都放了。

求雨和平反本来是毫不相干的两码事,刘基也没有求雨的法术。不

过他懂得天文,观测到气象要发生变化,就借这个机会劝谏朱元璋平反冤案。果然不出几天,乌云密布,接着就下了一场透雨。刘基趁朱元璋高兴的时候,又劝他制定法律,依法办事,防止错杀无辜。

朱元璋当上皇帝以后,任刘基做御史中丞,负责司法工作。有一次,丞相李善长的一个亲信犯了法。李善长是明王朝开国功臣,又是朱元璋的同乡,势力很大。但是刘基不顾李善长的阻挠,奏明皇上,把那个亲信杀了。从此,刘基便招来了李善长的怨恨。

正巧这一年,京城又逢大旱,明太祖朱元璋十分着急。刘基对明太祖说:"战争中的死亡将士,他们的妻子需要抚恤;一些在筑城中死亡的工

易经的智慧

匠,尸骨还暴露在田野上,没人收埋。把这些事办了,说不定能下雨。"

明太祖一心求雨,当然很快批准了刘基的要求,抚恤了将士妻子,掩埋了工匠的尸骨。这时,刘基的妻子在家乡得病去世,刘基请假回老家了。刘基走后一直没有下雨,李善长乘机诬陷刘基,明太祖就把刘基罢职了。

其实,明太祖对刘基是特别器重的。有一次,明太祖要拜刘基为丞相,刘基连忙推辞说:"选丞相好比挑栋梁,要挑个大木材,如果用小木头当梁柱,房屋就有倒坍的危险。"

后来,明太祖撤了丞相李善长的职,又想请刘基出来当丞相。刘基说:"我性子急,容不得坏人。再说年纪大了,也担当不了这样的重任。天下有的是人才,希望陛下好好物色。"

刘基住在家乡,仍旧很关心国家的政事。有一次,明太祖派人到青田向刘基问天象吉凶,刘基说:"冬天刚下过严霜冻雪,接下来便是阳春季节。现在国家已经安定,希望陛下施政稍为宽和一点。"

刘基常念百姓,百姓自然也念他的好处,都称他为"活神仙""诸葛再世"。刘基终其一生,都在不断地为国家、为百姓做好事,也正是因为这样,他才会受到人们的尊敬。

处世智慧

锲而不舍,金石可镂;锲而舍之,朽木不折。

33 遁卦：适时退避

微言大义

遁：亨，小利贞。初六 遁尾，厉，勿用有攸往。六二 执之用黄牛之革，莫之胜说。九三 系，有疾厉；畜臣妾，吉。九四 好，君子吉，小人否。九五 嘉遁，贞吉。上九 肥遁，无不利。

遁卦，象征退避。亨通顺利，利于柔小者占问。初六 退避不及，落在后边，必有凶险，暂时不宜有所举动和施展才能。六二 被黄牛皮绳捆绑，没有人能够解脱。九三 心中有所系恋，迟迟不能适时退避，将染上疾患，必有危险；而畜养男女奴婢，则可获吉祥。九四 虽然心中怀有恋情，但是已经适时退避，这一点唯有君子才能做到，小人则做不到，所以君子可以获吉，小人则不吉利。九五 选择最佳时机，及时退避，占问可获吉祥。上九 高飞远走，彻底退避，无所不利。

象曰：天下有山，遁。君子以远小人，不恶而严。

《遁卦》阐释的是隐遁退避的道理，它指出极端的恒久，必然引起动荡不安，而小人的势力就会趁动荡之时形成并扩大。这时，正直的君子应该隐忍退避，明哲保身，以等待最有利的时机行动。

深海里生长着一种马嘉鱼，它们到了适合交配的季节，便会成群结队的逆江而上，在上游交配产卵。令人不解的是，在它们逆流而上的过程中即便遇到渔网的拦截，依然勇往直前，不知退避，导致了马嘉鱼数量剧减、濒临灭绝的命运。因此，为人处世，也应该随机应变，当退而退，当勇则勇，切莫做些不合时宜，有勇无谋的傻事。

明武宗时，宁王朱宸濠因实力强大，拥兵自重，发动叛乱。王守仁采

易经的智慧

用假情报迷惑宁王的战术,击败叛军,平定了叛乱,并逮捕了朱宸濠,把他囚禁起来。当时正赶上皇上南巡,驻在留都。中官诱骗王守仁放朱宸濠回江西,等皇上亲征时再把他擒获。希望以此来投皇上所好,赢得皇上的

欢心。王守仁指责中官的这一行为,却收下了他的命令。因中官害怕,这件事就作罢了。

江彬等人妒忌王守仁的功劳,散布流言,说王守仁开始时与朱宸濠同谋,听说朝廷的大军出征后,才把朱宸濠逮捕以开脱自己。他们想把王守仁也抓起来,这样即把平叛的功劳归在了自己身上,也除掉了王守仁这个眼中钉、肉中刺,可谓一石二鸟之计。王守仁与张永商量说,如果顺应皇上的意旨,也许还可能挽回局面。假如不听朝廷的旨意,而反抗他们,白白引起那些小人的怨怒。于是就把朱宸濠交给了张永,再上表告捷。把捉朱宸濠的功劳归于总督军门,要求皇上不要到江西去,王守仁自己也称病在净慈寺养病。

张永回到京城,在皇帝面前极力称赞王守仁的忠诚,以及他让功避免灾祸的做法。明武帝终于弄清了是非,制止了对王守仁的指控。

处世智慧

"君子不吃眼前亏。"适时避祸是聪明人的做法。不应意气用事,给自己带来不必要的祸患。

34 大壮卦：君子以"礼"服人

微言大义

大壮:利贞。初九 壮于趾,征凶;有孚。九二 贞吉。九三 小人用壮,君子用罔,贞厉。羝羊触藩,羸其角。九四贞吉,悔亡;藩决不羸,壮于大舆之輹。六五 丧羊于易,无悔。上六 羝羊触藩,不能退,不能遂,无攸利;艰则吉。

大壮卦,象征刚大盛壮。利于占问。初九 脚趾盛壮,出征必有凶险;此时应当以诚信自持。九二 占问则获吉祥。九三 小人凭持盛壮以逞刚强,君子则盛壮而不妄用,占问必有危险,有如公羊强牴藩篱,羊角必然被绳索缠绕。九四 占问则必获吉祥,困厄将自行消亡,犹如藩篱撞开了裂口而羊角却不被缠绕,又似大车轮辐盛壮适用。六五 在田边丢了羊,不会遭遇困厄。上六 公羊抵触藩篱,既不能后退,也不能前进,没有什么好处,预示经受艰苦磨难则可获吉祥。

象曰:雷在天上,大壮。君子以非礼弗履。

《后汉书·马成传》中说"身长八尺,气力壮猛",《荀子·修身》亦有"老而壮者归焉","壮"意指身体健壮、强壮。

《大壮卦》九三上说:"小人用壮,君子用罔。"意思是说,小人恃强好胜,君子却恰恰相反。而且,即使逞强好胜者能够保持住阳刚强盛,其结果也决不会好。那么君子怎样做呢?《大壮卦》的象辞上说得很清楚:"君子以非礼弗履。"君子会通过一些符合礼义的事情,来征服别人。

三国时蜀国丞相诸葛亮平定了南中的叛乱,就在当地人中任用了一批官吏。有人向他进谏说:"丞相您足智多谋,得上天庇护,征服了南蛮。

然而南蛮之人,人心叵测,今天降服,明天又反叛,最好是趁他们降服的时候,委派汉人做官,分别统领南蛮百姓,使他们归顺汉人的约束,逐渐濡染政治教化。十年之内,蛮人就可以编列户籍,成为蜀国的百姓。"诸葛亮说道:"要委派汉官,就要留下军队,有了军队,就得有充足的粮饷,粮饷从哪里来啊?南中刚刚经过战争的破坏,许多人父死兄丧,对汉人十分仇恨,委任汉官而不留下军队,必然酿成祸患;再有,当地的许多官吏都犯了大罪,有的该被罢官,有的罪可当斩,他们自知罪恶深重,若委任汉人做官,他们绝不会信任这些汉人的。现在,我既不驻扎军队,也不运送粮饷,而这里的各项制度也很完备,社会秩序也井然有序。这样使南蛮人和汉人相安无事,哪点不好呢?"

诸葛亮对南中的政策,使南中相对稳定,这样也可以集中精力准备北伐曹魏。

处世智慧

强硬的手段虽然能够征服别人的身体,却无法征服他们的内心。而运用恰当的手段,不但不会使我们有所消耗,相反的,还会完全征服别人、获得他们的信任。

35　晋卦：居安思危

微言大义

晋:康侯用锡马蕃庶,昼日三接。初六　晋如摧如,贞吉;罔孚,裕无咎。六二　晋如愁如,贞吉;受兹介福,于其王母。六三　众允,悔亡。九四　晋如鼫鼠,贞厉。六五　悔亡,失得勿恤;往吉,无不利。上九　晋其角,维用伐邑,厉吉,无咎;贞吝。

晋卦,象征进长。尊贵的公侯得到天子赏赐的众多车马,并在一天之日蒙受三次接见。初六 进长一开始就受到阻碍,但是占问却能获吉祥。不能取信于人而宽容处之,则无灾祸。六二 进长之时忧心忡忡,占问可获吉祥,将要从祖母那里承受弘大的福泽。六三 获得众人的信任,困厄将会消亡。九四 进长如大鼠无一技之长,占问必有危险。六五 困厄消亡,无须再为得失而忧虑,有所举动必获吉祥,无所不利。上九 进长至极,有如高居兽角角尖,宜于征伐邑国以建功立业,即使有危险而最终可获吉祥,不会遭遇灾祸,但是由于进长已至极点,占问却会得到行事艰难的征兆。

象曰:明出地上,晋。君子以子昭明德。

很多人都曾听说过水煮青蛙的故事,故事说,美国康奈尔大学的科学家做了一个实验,把一只青蛙放进盛满沸水的铁锅里,结果那只青蛙就像被电击了一样,"嗖"的一下跳出了铁锅。接着,科学家把它放在常温的水里,慢慢地加热,那只青蛙居然在不知不觉中被煮熟了。这就是《晋卦》六二讲到的"晋如愁如,贞吉"所要表达的含义,它说"居安思危",必会获得庇护。

"居安思危"是什么？它是说,身处安乐境遇中的人们,应当顾及可能发生的危险,思则有备,备而无患。

北宋开国皇帝太祖赵匡胤以盖世英才夺取了天下。当他的部下石守信等人将黄袍穿在他身上时，他既感到了做皇帝的喜悦，同时又从自己登上帝位的事件中感到了某种危机。他深知，唐之灭亡，皆因拥兵自重的藩镇势力太强，以至架空了皇帝。于是，他谋算着如何剥夺他手下各路大将的兵权。

一天，太祖单独找心腹大臣赵普谈话："自唐朝末年以来，大大小小共换了五个朝代，几十年征战不息，不知道死了多少老百姓，依你看来，这到底是什么原因？"

赵普想了想道："依臣看来，其实道理很简单。国家混乱，皆因藩镇势力太强大，而皇帝势力太弱小，以致本末倒置，无法控制天下。但如果把兵权集中到朝廷手里，天下自然就太平无事了。"

太祖又问："怎样才能避免这种局面呢？"

赵普毫不犹豫地回答道："最好的办法就是削弱他们的势力，控制其钱粮，收编其精兵，天下自然就会安宁。"太祖赵匡胤颔首沉思良久。

过了一阵，太祖赵匡胤在宫中举行宴会，邀请跟他几十年征战、战功赫赫并拥有相当权势的石守信等人赴宴。酒过几巡，赵匡胤命令在旁侍候的太监退出去。他拿起一杯酒，先请大家干了杯，然后心事重重、忧戚无比地道："要是没有你们的力量和辅佐，就没有我黄袍加身的今天，我对此厚谊将永生铭记，但也因此而使我寝食难安。早知做皇帝的艰难，还不如像你们一样当节度使愉快啊！不瞒各位说，这一年来，我没有睡过一夜的安稳觉。"

石守信等人莫名其妙地面面相觑道："陛下如何这样说？"

赵匡胤道："这道理不难明白，因为谁都想身居高位，因而大家就会合谋把皇帝搞掉。"

石守信等人听言惊恐不已，慌忙跪地叩头道："陛下为何说出这样的话来？"

赵匡胤道："道理原本如此啊！你们想想看，即使你们没有野心，不想当皇帝，但万一你们的部将当中，有人贪图富贵，把黄袍披在你们身上，你们想推却，能行吗？"

石守信等人已完全明白了宋太祖的用心，惊吓得哭起来："我们都只

易经的智慧

是些粗人,无论如何也不敢胆大妄为到如此地步,只求陛下怜悯我们,给我们指出一条求生之路。"

赵匡胤道:"人生何其短暂,莫不为荣华富贵而奔忙。与其如此,还不如多置田产、金钱、歌儿舞女,享乐此身,荫蔽子孙,这恐怕比舞枪弄刀惬意得多了。你们若能如此做,我们君臣间也少了许多猜疑,你们以为如何?"石守信等人忙齐声说道:"陛下给我们想得太周到了!"

第二天,石守信等人即递上一份奏章,说自己年老多病,请求辞职。宋太祖赵匡胤马上照准,收回了他们的兵权,赏给他们一大笔财物。这就是历史上有名的杯酒释兵权的故事。

至此,自唐以来藩镇割据,拥兵自重,甚至跟朝廷分庭抗礼的局面结束了,宋王朝迎来一个高度集权化的稳固社会结构。宋太祖的政权稳定了,但他对跟随自己打天下的武将并不放心,所以使用权术解除武将的军权,达到为自己和子孙政权保安宁的目的。

《左传·襄公十一年》上记载:"居安思危,思则有备,有备无患。"在困境里,很多人往往能刻苦奋进,而当步入佳境、事业顺利、百事畅通时,反而忘乎所以,这也是失败的根源。

处世智慧

"生于忧患,死于安乐。"居安思危,才能防患于未然。

36　明夷卦：用晦而明

微言大义

明夷:利艰贞。初九 明夷于飞,垂其翼;君子于行,三日不食。有攸往,主人有言。六二 明夷,夷于左股,用拯马壮,吉。九三 明夷于南狩,得其大首;不可疾,贞。六四 入于左腹,获明夷之心,于出门庭。六五 箕子之明夷,利贞。上六 不明晦;初登于天,后入于地。

明夷卦,象征光明伤损。利于占问艰难之事。初九 光明受到伤损时有如飞鸟低垂着翅膀,仓皇疾行;又如君子匆忙出行,三天没有吃饭。一旦有所举动,便遭主人责备。六二 光明受到伤损,伤及左边大腿,若用强壮的良马拯济伤损,可获吉祥。九三 光明受到伤损时到南郊狩猎,却得到一匹踏雪马,象征此爻不可占问疾病之事。六四 退处左方腹地,察知光明受到伤损的内中情状,于是毅然出门远行。六五 若能像箕子被囚而佯狂自保,则利于占问。上六 天空晦暗不明,起初登临天上,最终坠落地下。

象曰:明入地中,明夷。君子以莅众用晦而明。

《明夷卦》中的"明夷"表面意思是指光明受到损害,在这里引申为光明正大之人受到伤害的意思,那么怎样才能化解这样的危险呢?《明夷卦》上给出了答案:"君子以莅众用晦而明。"意思是说,只要内心保持独立、自信,用一种难得糊涂的"晦"来保身,必会躲过劫难和危险。

郑板桥曾留下了"难得糊涂"的墨迹,这已为很多人所熟知,但郑板桥是在什么情况下写的"难得糊涂"及聪明和糊涂的那番话,恐怕知其原委者并不是很多。史书上说,郑板桥身为康熙秀才、雍正举人、乾隆进士,为人正直坦诚,处事是非分明,性格落拓不羁,狂放率真。他入仕为官以来,一直秉持着

易经的智慧

"立功天地,孝养父母"的宗旨,清正廉明,刚正不阿,深受百姓爱戴。

然而,郑板桥的光明磊落在那个时代的官场是吃不开的,常常受到黑恶势力的嘲讽、刁难与威胁,不能充分发挥自己的聪明才智。何故?郑板桥百思不得其解,但恒彻禅师这个旁观者却对此看得分明。

老禅师私下对老朋友郑板桥说:"人家对你恨之入骨,因为你太精明,妨碍了那些不义之徒干伤天害理的事,又常常戳穿那些贪官的阴谋诡计。黑白两道,你都树敌了,这不是明摆着的事吗?"

宦海沉浮,一朝梦醒!在此情况下,郑板桥以嬉笑怒骂来抗争,同时他又彷徨、悲观,不知所措。压抑、苦闷、孤独、自嘲、悲观、痛苦的情绪交织在一起,于是他挥毫泼墨写下"难得糊涂"的字幅,不久便罢官归隐了。

刚正不阿固然可贵,然而在某种特定的环境下,刚正不阿的性格却只能招来祸患,危害其身。俗话说"拿得起,放得下",聪明人在这个时候绝不会以力抗争,做无畏的抵抗,而是会采取一种韬光养晦的态度,等待"光明"的到来。

处世智慧

《孙子兵法》指出:"能而示之不能。"意思是说,在敌强我弱的情况下,要不惜采用对敌示弱、献媚甚至苦肉计的方式,来麻痹敌人,以求得喘息、发展的空隙。

37 家人卦：家和万事兴

微言大义

家人:利女贞。初九 闲有家,悔亡。六二 无攸遂,在中馈,贞吉。九三 家人口高口高,悔厉,吉;妇子嘻嘻,终吝。六四 富家,大吉。九五 王假有家,勿恤,吉。上九 有孚,威如,终吉。

家人卦,象征一家人。有利于女人占问。初九 持家而能预防不测之灾,困厄将会消亡。六二 事功无所成,在家主持炊事,占问可获吉祥。九三 家人经常受到家长严厉训斥,处境艰难而危险,如此反常激励举家戒惧勤勉,从而获得吉祥;而妇人孩子终日嬉闹调笑,不加管束,最终必然导致家庭艰难。六四 家人共同增富其家,大吉大利。九五 君王驾临其家,无须忧虑,因为可获吉祥。上九 心存诚信,威严持家,最终必获吉祥。

象曰:风自火出,家人。君子以言有物而行有恒。

国和家一样,国家要想繁荣富强,人民必须安居乐业,充满了内忧外患的国家永远不可能昌盛。家与国一样,人们常说的"家和万事兴"同样是这个道理。

《家人卦》说的就是如何使家庭美满的。"家和"是"兴家"的前提和基础。我们不难想象一个时常充满了吵架、摔东西声的家庭,与一个处处充满着欢笑、相敬如宾的家庭有着多么大的差距。

清朝乾隆年间,有一个叫朱大典的人,父母一生所积财富甚多,而孩子只有朱大典和朱大维两个。父母死后,朱大典要和弟弟分家析产,他先暗中把父母留下的财产都换成金银埋藏在地下,然后借口说父母并未留给自己多少财产,只给了弟弟几间破屋,几亩薄田,而良田美宅尽数划到

易经的智慧

自己名下。

弟弟朱大维生性忠厚,弟媳也很贤惠,虽明知哥哥过于狠毒,却也不愿计较,同村的人都看不过去,劝朱大维写诉状告到县衙去,请县令主持公道。朱大维却耻于和哥哥争讼公堂,有累父母的声名,坚决不肯,便带着妻子和儿子搬到破屋里去住。同村的人虽然气愤,但朱大维自己不肯出头,也没法替他打抱不平。人人都鄙薄朱大典的为人,朱大典的品性路人皆知。

朱大典对名声并不在意,他依然是县中的首富,对弟弟的清贫不管不问,反而欣然自得。

过了几年,村子遭遇饥荒,地中颗粒无收,村民们只好外出乞讨,朱大维此时又多了几个儿子,实在是一颗粮食也没有了,他妻子劝他去求哥哥借些粮食度命,朱大维也以为哥哥再狠毒,也不至于忍心看弟弟沦为乞丐,流落他乡,便上门去求哥哥。没想到不但一粒粮食没借到,反而挨了一顿臭骂,被赶了出来。朱大维也只好带着妻儿出外讨饭活命。

饥荒过后,朱大维和村民们又返回村里,耕种度日。经此一事,村民们对朱大典不仅鄙薄,而且是恨之入骨了。

朱大典窖藏金银的事被一伙盗贼知道了,盗贼们也知道朱大典的为人和声名,便在夜里进入他家,把他全家都绑起来,逼问这笔金银的下落。

朱大典以为盗贼进入村落,必怕人知晓,只能抢些东西便走,便苦熬着不说,想等着村民们听到后来救援。殊不料村民们早已知晓,却都暗中

解气,认为是上天报应,根本不出来看上一眼。

盗贼们也知道这一点,所以才敢公然打劫,见毒打不生效,便在院中架火烧红烙铁,对朱大典和他的家人施以炮烙酷刑,一定要拷问出埋藏金银的地点。

弟弟朱大维终究被哥哥一家人的惨叫唤起同胞之情,率几个成年的儿子手执木棒赶来援救,同村人见他出面,也都纷纷手执铁锹赶来。

盗贼们见事出意外,只好落荒而逃。朱大典一家人已被折磨得不成人形,朱大维自己出钱请大夫为他们医治,自己和儿子们又回到自己的家,没说一句居功的话。

朱大典终于良心发现,把金银都挖了出来,又把自己所有的财产都记在一个本子上,自己到弟弟门前长跪谢罪,自责自骂,请弟弟搬回去和自己同住,并把所有钱财都交给弟弟掌管。

朱大维经不住哥哥苦苦相求,只好带领家人搬回祖宅,和哥哥一起生活。

"兄弟同心,其利断金。"世上的兄弟在未成年前,大体还是相互一心的,而在各自成了家,各自有了自己的利益后,也很难一点不分心,但像朱大典这样狠心贪婪的人还是少见的,所以不仅世人鄙薄他,痛恨他,连盗贼也敢公然入室,而且还在他家中立公堂,严刑拷问,若非他弟弟不忍同胞之情,奋不顾身地来援救,他真是要死无葬身之地了。

至于朱大典经此大难,良心发现,总算还对得起一个"人"字,可惜名声品行已毁,再难挽回了。

处世智慧

和谐家庭不仅是人生美丽的港湾,更是人才成功的重要条件。有了和谐就会产生无穷的力量,充分发挥自己的才能去迎接挑战和竞争,去创造奇迹,去实现人生的辉煌。

38　睽卦：求同存异

微言大义

睽：小事吉。初九 悔亡；丧马，勿逐自复；见恶人，无咎。九二 遇主于巷，无咎。六三 见舆曳，其牛掣；其人天且劓。无初有终。九四 睽孤；遇元夫，交孚，厉无咎。六五 悔亡；厥宗噬肤，往何咎？上九 睽孤，见豕负涂，载鬼一车，先张之弧，后说之弧；匪寇，婚媾；往遇雨则吉。

睽卦，象征违逆隔膜。占问小事必获吉祥。初九 困厄将会消亡。丢失良马不必到处追寻，因为它自会返回；谦谨地对待与自己对立的恶人，不会招致灾祸。九二 在小巷中不期而遇碰见主人，没有什么灾祸。六三 看见大车拖拖拉拉艰难前行，驾车人的牛受到了牵制无法前行，驾车人也受了墨刑和劓刑。虽然起初历尽艰难，但是最终将有美好结局。九四 寂寞孤独之际遇到善人，胸怀诚信之心与之交往，即使会有危险，也没有灾祸。六五 困厄将会消亡。他与宗族之人一同吃肉，有所举动，还会有什么灾祸呢？上九 寂寞孤独之际看见一头丑猪满身污泥，一辆大车满载恶鬼飞驰而过，先是张弓欲射，后又放了下来；原来来人不是贼寇，而是求婚的佳偶；有举动，遇到大雨可获吉祥。

象曰：上火下泽，睽。君子以同而异。

《睽卦》中的"睽"有违逆隔膜之义。面对所产生的隔膜，应该怎样去解决呢？《睽卦》中说："君子以同而异。"意思是说，以求同存异的方法来解决。

周恩来总理在 1955 年的万隆会议上，第一次提出了"求同存异"的观点，就发挥了奇效，拉近了亚非人民之间的感情。在现实社会中，人与人之间不可避免地存在着各方面的"异",但大家也有相同的"大同"。《睽卦》就为我们提供了一种良好的处理问题的办法:"求大同,存小异。"在共同的利益面前,我们要联起手来,搞好合作。

唐代,郭子仪和李光弼是朔方节度使安思顺手下的两员大将,因为面对一些事情的看法不同,俩人关系一直很僵,虽然同朝为官,却从来都是互不理睬。

等到郭子仪取代安思顺作了朔方节度使,李光弼就想逃走,但还犹豫不决。十天之后,唐玄宗命令郭子仪领兵东进,攻打安禄山、史思明的叛军。

李光弼走进郭子仪的公堂,对郭子仪说:"过去我多有冒犯,请你看在

同事多年的分上多多原谅,我的妻儿没有责任,请你不要牵连无辜。"郭子仪一听这话,从堂上快步走到李光弼跟前,握着他的手,抚着他的背,扶他在堂上坐下,流着眼泪对他说:"你想到哪里去了,我已向皇上上书推荐你呢,如今国家遭逢变乱,没有你不能东征,哪里是考虑私仇的时候啊!"说完,倒地便拜。

二人从此握手言欢,共同谋划,经过多年艰难作战,终于打败了叛军。

在这则故事中,我们要强调的不是郭子仪与李光弼不计前嫌的胸怀,而是他们为国家利益这个大局着想,求同存异的合作精神。人与人之间

易经的智慧

总存在着或多或少的矛盾或冲突,我们只有做到求大同,存小异,才能促进我们自身的发展,人与人之间和谐了,我们的国家才能朝着更好的方向发展。

处世智慧

矛盾是不可避免的,智慧的人懂得怎样求同存异,使双方的利益最大化。

39　蹇卦：知难而退

微言大义

蹇：利西南，不利东北；利见大人，贞吉。初六 往蹇，来誉。六二 王臣蹇蹇，匪躬之故。九三 往蹇，来反。六四 往蹇，来连。九五 大蹇，朋来。上六 往蹇，来硕；吉，利见大人。

蹇卦，象征行事艰难。出行宜于向西南方向去，而不宜于往东北方向走；有利于大德大才之人出世，占问必获吉祥。初六 有所举动，虽然行事艰难，但是归来却必获美誉。六二 君王的臣子历尽艰险，奔走济难，并非为了自身的私事。九三 与其有所举动而外出遭遇艰难，不如及早返回家园。六四 有所举动而外出遭遇艰难，返回时艰难之事又接连不断。九五 行事十分艰难，友朋纷纷前来相助。上六 外出遭遇艰难，归来则可建大功；十分吉祥，有利于大德大才之人出世。

象曰：山上有水，蹇。君子以反身修德。

山阻水险，水流不畅，故称"蹇"。《蹇卦》阐明涉济艰难的道理，说的是当处于艰难险境时要用韬光养晦之法，保存自己的实力，以求东山再起，这正是九三上所说的"往蹇，来反"之意。不可否认的是，人们对于武松那种"明知山有虎，偏向虎山行"的英雄气魄都赞誉有加。但是，细细体会一下，我们不难发现，武松身体强壮，功夫了得，他杀个老虎几乎是没有多大的难处的。所以，武松执意"虎山行"并不只是意气用事，他也是底气十足的，如果换成一个身体、武功都与武松相差甚远的人，即使有这样的气魄，上了景阳冈也是白白送死。

楚庄王经过几年的韬光养晦，力量强大起来，就想问鼎中原。进军途

易经的智慧

中,楚军在某地停了下来。

人们对楚庄王的决定感到突然,有人便对楚庄王说:"行军打仗,重在攻其不备,速战速决,我军在此逗留,怕是要影响战局啊。"

楚庄王面带微笑,道:"陆浑戎人岂是我的对手?我就是想让周定王看看我们楚国的强大,让他感到害怕。"

弱小的周王室果然害怕起来,便派大夫王孙满前去慰问,暗地里是想让他游说楚庄王退兵。

楚庄王见到王孙满前来,便知道他是来指责自己的,但对天子所派使者又不得不寒暄道:"天子关怀,楚军十分感激。"

楚庄王先发制人:"我听说大禹铸有九鼎,从夏传到商,又从商传到周,成为世间的宝贝,象征着九州天下。不知这鼎有多大,有多重。"

九鼎是王权的象征,楚庄王刨根问底,分明是不怀好意。王孙满知其心意,便借此警告楚庄王说:"天子有德方能拥有天下,德比鼎更为宝贵。一些人只见鼎而不修德,他们的见识太短浅了。"

楚庄王听出了王孙满的弦外之音,重声威胁说:"在我看来,鼎也是寻常之物,何贵之有?楚国士卒折断敌兵的戈尖矛头,便足够铸成九鼎了。"

王孙满也提高了语调,说:"以强力行事,是不能拥有鼎的,更不能拥有天下。大禹铸鼎以来,已经相传三代了,这三代都是靠德得到天下,不是依靠区区几个鼎的,当年大禹铸鼎定国,到了夏,夏桀昏庸无道,鼎就迁于商,商纣无道,鼎即迁于周,如果有德,鼎小亦重;如果无德,鼎重亦轻。如今天子拥有九鼎,是天下共知的礼法,如果它无端被夺,您觉得天下诸侯会同意吗?"

王孙满句句在理,楚庄王哑口无言。楚庄王仔细思量,亦觉难以和天下人相抗,于是打消了灭周的念头。

楚庄王实力强大,却没有意气用事,在分清了当时的时事利弊后,他选择了知难而退,韬光养晦,也正是凭借这种智慧,楚庄王后来才得以称雄于诸侯。

处世智慧

知难而退不是不思进取,而是一种人生的策略。有时候,"退下"往往意味着更大的提升。

40　解卦：学会宽恕

微言大义

解：利西南；无所往，其来复吉；有攸往，夙吉。初六 无咎。九二 田获三狐，得黄矢；贞吉。六三 负且乘，致寇至；贞吝。九四 解而拇，朋至斯孚。六五 君子维有解，吉，有孚于小人。上六 公用射隼于高墉之上，获之，无不利。

解卦，象征舒解；有利于西南之地；无须继续前往行事，返回原地安居其所则可获吉祥。如果有所举动，就及早前往，如此，可获吉祥。初六 没有灾祸。九二 打猎时捕获三只狐狸，又得到黄色箭矢；占问可获吉祥。六三 身负重物而乘车出行，必然招致贼寇前来打劫；占问则行事艰难。九四 像解开被缚的拇指一样摆脱小人的纠缠，朋友才会心怀诚信前来相助。六五 君子被缚又得以解脱，必获吉祥。能够以诚信感化小人。上六 王公用利箭射杀高城上的大隼，一箭射中，捕而获之，无所不利。

象曰：雷雨作，解。君子以赦过宥罪。

人与人之间总会存在着各种各样的分歧与矛盾，这往往是相互间关系恶化最主要的原因，因此我们常会听说，某二人关系不错，因为一语不合闹得近乎仇人。为什么会这样呢？因为这些人不懂得宽恕别人，更不懂得如何去宽恕。宽恕是什么呢？《解卦》的卦象上说："君子已赦过宥罪。"君子以理解通融之心去看待别人的过失，来化解矛盾。当然，我们所说的宽恕并不表示已发生的事不重要，而是表示自己放弃惩罚或报复别人而已，它是希望借此让别人认识到错误，知耻而后勇。

古时候有一个国王，他纵横欧亚大陆，战无不胜、攻无不克，建立了不朽的勋业。有一次,这位国王来到了俄罗斯的西部,一人出外去考察地形。

他孤身一人来到一个乡镇,住进了一个小客栈。为进一步了解民情,他穿着没有任何特殊标志的平民衣服,围绕着小镇四处漫步,和居民交谈。

在街道上转了一圈之后,国王迷路了,找不到回客栈的方向了。这时,他看到一位军官,便想打听一下方向。于是,他走上前去,问这位军官:"朋友,请问一下去客栈的路怎么走?"

那位军官看起来还很年轻,他瞥了这位"平民"一眼,边叼着大烟斗,边含糊不清地说:"朝右边走。"

"谢谢!那么请问从这里到客栈还有多远"皇帝又问道。

"1000米!"这位军官显然有些不耐烦了,看都不看这位国王一眼。

国王道了谢,准备离开,可是看着那位军官高傲的神态,他又改变了主意,回过头来微笑着说:"不好意思,我想再问你一个问题,你的军衔是什么?"

年轻的军官顿时来了精神,对着国王说:"你猜一下!"

国王故意说:"中尉?"

军官拿下嘴里的烟斗,撇了一下嘴,意思是说太低了。

"上尉?"国王继续猜道。

易经的智慧

年轻的军官显得很神气的样子,说:"继续猜,还要高些呢。"
"那么你是少校?"
"是的!"年轻的军官显得很骄傲,又把手中的烟斗放进了嘴里。
国王很敬佩地给他敬了一个军礼。
"你也是军人?"看见国王那标准的敬礼动作,少校有些诧异。
"是的。"
少校很仔细地打量了一下国王,问道:"你是什么军衔?"
国王乐呵呵地看看少校,用少校先前的语气说道:"你猜。"
少校对国王模仿他的语气说话有些不满,说道:"中尉?"
"不是。"
"上尉?"
"也不是。"
少校走国王,仔细看了看,说道:"那么你也是少校?"
国王笑着摇了摇头。
少校脸上的骄傲已经没有了,烟斗也从嘴巴拿了下来,用恭敬的语气问道:"那么您是部长或者将军?"
"继续猜,快猜中了。"国王对他表示嘉奖地点了点头。
"陆军元帅吗?"少校怀疑地问道。
"少校同志,你还可以再猜一次。"
少校两腿一软,扑通跪倒在国王面前:"国王陛下,请您原谅我的无礼!饶恕我吧!"
"我饶你什么呢?还应该感谢你,你为我指明了去客栈的方向,尽管你的态度不太好,但是可以改正的,不是吗?"
说完,国王乐呵呵地走了。
中国有句俗话,叫做"宰相肚里能撑船"。这也许就是这位国王能成就一番伟业的原因之一吧。
同样,麦金利在任美国总统的时候,特派某人为税务主任,但被许多政客所反对,他们派遣代表进谏总统,要求总统说出派那人为税务主任的理由。为首的是位国会议员,他身材矮小,脾气暴躁,说话粗声恶气,开口就骂总统。如果当时换成别人,也许早已气得暴跳如雷,但是麦金利却视若无睹,不吭一声,任凭他骂得多难听,然后他用极温和的口气说:"你现在怒气应该可以平和了吧?按理你是没有权力这样责骂我的,但是,我现在仍然愿意解释给你听。"这几句话把那位议员说得羞惭万分,但是总统不等他道歉,便和颜悦色地说:"其实我也不能怪你。因为我想任何人,都会大怒若狂。"接着他把任命理由解释给这位议员听。

没等麦金利总统解释完,那位议员已被他的大度折服。他私下懊悔刚才不该用那么恶劣的态度去责备一位和善的总统,他满脑子想的都是自己的错。因此,当他回去报告抗议的经过时,他只是摇着头说:"我记不清总统的全部解释,但是我知道,总统没有错。"

处世智慧

弱者永不宽恕,宽恕是强者的特性。

41 损卦：量力而行

微言大义

损：有孚，元吉，无咎，可贞，利有攸往。曷之用？二簋可用享。初九 已事遄往，无咎；酌损之。九二 利贞，征凶；弗损益之。六三 三人行，则损一人；一人行，则得其友。六四 损其疾，使遄有喜，无咎。六五 或益之十朋之龟，弗克违，元吉。上九 弗损益之；无咎，贞吉，有攸往，得臣无家。

损卦，象征减损。胸怀诚信之心，大吉大利，没有灾祸，可以占问，宜于有所举动。用什么来体现减损之道？用两筐淡食祭祀神灵，奉献尊者就足够了。初九 停下自己的事情，赶快去协助别人，则没有灾祸，但要酌情量力。九二 利于占问。但是兴兵出征则有凶险，不要减损，而要增益。六三 三人同行，由于难于同心协力必将有一人离去；一人出行，由于专一求合，则可得到友朋。六四 减轻疾病的事要尽速办理，如此，便可获得喜庆，而没有灾祸。六五 有人进献价值十朋的宝龟而不违逆推辞，大吉大利。上九 不要减损，而要增益，如此则没有灾祸，占问可获吉祥，宜于有所举动，又能得到一位没有家室的贤臣的辅佐。

象曰：山下有泽，损。君子以惩忿窒欲。

《损卦》取"损"为名，有损失、受伤害之意。《损卦》谈的是减损自己的卦，但是这种减损，并不意味着损伤自己的利益去援助别人，也不是一般的损人利己；而是如何在不使自己一方受到丝毫损伤的情况下去获得相当的利益，以及如何在不得已的情况下适当减损或放弃一部分利益，去追求更大更多的利益。当然，《损卦》的卦义是为了国家政权角逐和用兵之道服务的，它绝不涉及一般的人与人之间的道德问题。《损卦》的卦象上说:"君子以惩忿窒欲。"倘若一个人不能抑制自己冲动、偏激的行为,必然会遭受损失与伤害。这句话现在已演绎成一种量力而行的智慧。

明太祖洪武三十一年(1398)五月,朱元璋病逝于南京,皇太孙朱允炆继位,史称建文帝。

建文帝继位后,为加强中央集权,接受大臣齐泰、黄子澄的建议,大力削藩,各藩王相继被逮入京师,废为庶人。然而在削藩的过程中,建文帝最忌惮的就是势力强大的燕王朱棣,对他不敢贸然行事,便想先削其"羽翼",一步一步地将其灭掉。

朱棣当然不傻,早就看清了建文帝的意图。然而他也不甘坐以待毙,和心腹谋士道衍和尚密商对策。在王府的后花园修筑地下室,在地下室中操练兵马,打造兵器,私铸金钱。

虽然他们的行动很是小心、谨慎,但还是被朝廷知晓了。建文帝以防守边关为名,将朱棣麾下燕山三护卫中精锐官兵都调离了燕王,又将北平都指挥使司、布政使司和按察使司的官员全都换成自己的亲信,以控制北平城并监视朱棣的动向。此外,又派将军宋昌驻重兵把守,团团围住燕王府,随时准备剿灭燕王府可能发生的叛乱,此时的朱棣已如瓮中之鳖,伸手可捉。

朱棣见形势危急,又苦于准备不足,便想铤而走险,孤注一掷。道衍和尚劝阻了他,声称力量不足、地利已失,贸然起兵不过是送死,又为他密献一策。

第二天,朱棣便单身冲出王府,披头散发地跑上了街头。他像疯子一

易经的智慧

样,乱抢别人的东西,大热的夏天,他还披着皮袄,烤着火炉。于是,京城的人都传言,皇上把燕王逼疯了,北平布政使司见此情形,急忙上奏朝廷,说燕王得了疯疾,请皇上指示。

准备妥当的建文帝不料燕王有此一举,心中虽知这不太可能是真的,但身为皇上,怎么可能对一个疯子动手呢。于是,建文帝只好让各处按兵不动,又让北平官员查实燕王是否真疯了。

北平三司的官员知道事关皇室,不敢不特别慎重,只好耐下心来仔细观察,虽然心有所疑,但没有真凭实据,也不敢断言燕王是装疯。此后,燕王明里装疯、暗养生息,终于兵变成功,史称明成祖。

处世智慧

力所不及之时,我们除了孤注一掷以外,还有许多种方法可行。其中,量力而为、蓄势而发就是其中最成功的方法。要知道明智的放弃胜过盲目的执着。

42　益卦：见益则迁，有过则改

微言大义

益:利有攸往,利涉大川。初九 利用为大作,元吉,无咎。六二 或益之十朋之龟,弗克违,永贞吉;王用享于帝,吉。六三 益之用凶事,无咎;有孚中行,告公用圭。六四 中行告公从,利用为依迁国。九五 有孚惠心,勿问元吉,有孚惠我德。上九 莫益之,或击之,立心勿恒,凶。

益卦,象征增益。利于有所举动,宜于涉越大川巨流。初九 利于大有作为,大吉大利,没有灾祸。六二 有人进献价值十朋的宝龟,不违逆推辞,占问长久之事可获吉祥;君王以此祭享上天,必获吉祥。六三 把增益用于救助凶险之事,不会有什么灾祸。心怀诚信,持守中正之道谨慎行事,时刻像手持玉圭向王公告急求助一样恭谨。六四 持守中正之道谨慎行事,得到王公信从,有利于借此完成迁都益民大业。九五 胸怀诚信仁爱之心,不必占问就知道至为吉祥,天下人必将以仁爱之心报答你的仁爱之德。上九 没人增益于他,就会有人攻击他,再加上自身立心不恒,必有凶险。

象曰:风雷,益。君子以见益则迁,有过则改。

"见异思迁"是指看到别的事物就改变原来的主意,一般用于贬义。其实"见异思迁"也未尝不是一件好事,关键在于是怎样的一个"迁"法。倘若在感情、婚姻方面是不好的;倘若是在错误问题和不良思想方面,还是"迁"一"迁"的好。

正如《益卦》的卦象所说的,"君子以见益则迁,有过则改",就是鼓励人们面对正确的观点、迁改错误的观点。

易经的智慧

叶桂,字香岩,号天士,清江苏吴县人。由于家族世代行医,叶桂受家庭熏陶,很年轻时就开始继承家族的医术了。但是叶桂并没有固步自封,为了吸取各家之长,曾先后17次拜师学艺,成为清代著名的医学家。

叶桂年轻时,在同一条街上有一个叫薛雪的同行。俗话说:同行是冤家,年轻气盛的叶桂对薛雪一点也不服气。

有一次,一位病重的患者来到了叶桂的医馆就医。患者说:"我在薛雪医生那里治疗了一段时间,可是总也不见好,他说我的病不能好啦!有病乱投医,我再到您这里试试吧!"

叶桂问:"薛雪医生真的是这么说的吗?"

患者苦恼地回答:"是啊,他说我这个病是个不治之症。"

叶桂听了,默不作声,细心把脉,详细问了患者平时的饮食起居情况,然后按照自己诊治的结果开了药方。此外,叶桂还对患者做了一些注意饮食起居的叮嘱,然后告诉他:"你按照我说的去做,按时吃饭,会好起来的。"

患者吃了叶桂开的药,并按叶桂的叮嘱注意饮食起居的规律,过了一段时间,真的好了起来。薛雪听说后,非常不服气,一怒之下把自己的住宅称为"扫叶庄",意思是要扫尽叶桂的威风。叶桂听说后,非常生气,马上回敬,把自己的住宅改名为"踏雪斋",意思是要把薛雪踩在脚下。从此,两个人就结下了梁子。

后来,叶桂的母亲患了重病,叶桂心急如焚,用尽浑身解数,为母亲内服外调,可就是不见有效果,急得他不知如何是好。这件事被薛雪知道后,他大笑道:"连这种小病都医不好,还敢叫'踏雪斋'?看来叶桂的本事不过如此。像这种病,服上几剂'白虎汤',保证药到病除。"

叶桂听了传言,气得咬牙切齿,但他又没有别的办法,有病乱投医,就果真给母亲开了几剂"白虎汤"服了下去。哪成想居然药到病除,叶母的病完全好了。

这件事对叶桂触动很大。他想:薛雪的医术真是非常高明,我以前实在是太骄傲了。我应该登门去拜他为师,多向他学习才是,这样才有利于医术的提高,以后我可再也不能嫉妒人家了。

于是,他带着礼品,亲自登门到"扫叶庄"拜师求教。从此,两个相互嫉妒的同行冤家,变成了互相切磋、取长补短的同道中人。

后来,叶桂只要听说医术高明的人,就拿下"医牌",隐姓埋名,拜师学艺,终于集众家之所长,自成一家,成为清代著名的医学家。

要知道,人不可能永远不犯错误。犯错误并不可怕,关键在于认清错误之后,就迅速以实际行动加以改正,并尽快回到正确的轨道上来。否则,因此而受害的只能是自己。君不见,大凡成功的人士,一般都是那种勇于并善于改正自己错误的人吗?

处世智慧

君子之过也,如日月之食焉;过也,人皆见之;更也,人皆仰之。

43　夬卦：该断则断

微言大义

夬：扬于王庭，孚号有厉；告自邑，不利即戎；利有攸往。初九 壮于前趾，往不胜为咎。九二 惕号，莫夜有戎，勿恤。九三 壮于頄，有凶；君子夬夬。独行，遇雨苦濡，有愠，无咎。九四 臀无肤，其行次且；牵羊悔亡，闻言不信。九五 苋陆夬夬，中行，无咎。上六 无号，终有凶。

夬卦，象征决断。在君王的朝廷之上发表言论，竭诚疾呼将有危险。告诫自己封邑的人众，此时不宜于立即兴兵征战，如此，利于日后有所举动。初九 脚趾前端盛壮，贸然前往不能取胜，反而会招致灾祸。九二 惊惧呼号，因为深夜发生战事，但是没有危险，所以不必忧虑。九三 脸面盛壮，必有凶险。君子决然前行，独自遇雨受淋，雨水淋湿衣裳，虽然愠怒在所难免，却不会有什么灾祸。九四 臀部无皮，行走趑趄难进；若能牵羊而行，困厄将会消亡。无奈听了此话无人信从。九五 细角山羊决然健行，只要居中行正，必无灾祸。上六 不必大哭小叫，因为凶险最终难以逃避。

象曰：泽上于天，夬。君子以施禄下，居德则忌。

《夬卦》的"夬"有决断之意，主要阐明以阳决阴，果断消除小人的道理。在决断的问题上，一定不能优柔寡断，要当断则断。优柔寡断的性格必然会带来许多祸患。

鲁哀公四年（前491），楚国向北扩张，攻杀汝州西和汝阳一带戎蛮。蛮族首领蛮子赤落荒而逃，躲到了晋国的阴地避难。驻守阴地的晋国大夫士蔑收留了蛮子赤，并将他当作贵宾，设宴款待，企图助其重整旗鼓，日后共同抗击楚国。

楚国的司马起派人向士蔑要人,并威胁说,如不交出蛮子赤,便要兵戈相见。

士蔑见来人咄咄逼人,立时感到受到了侮辱,他厉声说:"蛮氏一向和晋国交好,如今,他有难来投奔晋国,我们不能见死不救。你们如果非得以战相逼,晋国也不是贪生怕死之辈。"楚国使者回报司马起,不想司马起闻之大笑道:"晋国死保蛮子赤,这是他们的失策,我正好借此去攻打晋国了。"司马起的下属说:"晋国不比蛮氏,听说晋国有四千乘兵马,我们这样贸然攻之,能有胜算的把握吗?"司马起分析道:"如今,晋国大夫之间争斗不止,国君和大夫也矛盾重重,晋国早已外强中干了,而此时正是最好时机。"于是下令楚军加紧备战。士蔑得知这一消息后惊慌起来,不知

如何是好,只好去请教名士赵鞅,求他相助。士蔑说完事情的经过,赵鞅马上紧张得脸色大变,他问士蔑:"蛮氏重要还是晋国重要呢?"士蔑脱口道:"自然是晋国重要了。"赵鞅再问:"楚国与蛮氏作战和晋国有关吗?"士蔑摇头。赵鞅三问:"我们可以打败楚国吗?"士蔑不语,只是呆坐。赵鞅提高声调,急切道:"你现在赶快向楚国赔罪,交出蛮子赤。如果楚国蛮横,你也要低头陪笑,绝不可顶撞。"

易经的智慧

士蔑把蛮子赤等人捆绑起来,交给了楚国。司马起百般责怪士蔑,士蔑都不出一言相抗。楚国没有了发兵的理由,虽是极不甘心,但还是不得不放过晋国。士蔑优柔寡断,差点把晋国断送,赵鞅当机立断,挽救了晋国。

《韩非子·亡征》上说:"缓心而无成,柔茹而寡断,好恶无决,而无所定立者,可亡也。"对于成大事者来说,犹豫不决、优柔寡断是一个危险的仇敌。我们若想成功,一定要摒弃这个仇敌,继而用"当断则断"、果断刚毅来替代。

处世智慧

当断不断,必受其乱。

44　姤卦：刚柔相济

微言大义

姤：女壮，勿用取女。初六 系于金柅，贞吉；有攸往，见凶，羸豕孚蹢躅。九二 包有鱼，无咎。不利宾。九三 臀无肤，其行次且；厉，无大咎。九四 包无鱼，起凶。九五 以杞包瓜；含章，有陨自天。上九 姤其角；吝，无咎。

姤卦，象征相遇。女子过于盛壮刚伤男，不宜娶其为妻。初六 紧紧系在铜车闸上，占问必有吉祥。而急于有所举动，则必然出现凶险，就像猪被捆绑而竭力挣扎一样。九二 厨房有鱼，没有灾祸，但是不宜于招待宾客。九三 臀部无皮，行走赵趄难进，必有危险，但是并不会有大的灾祸。九四 厨房无鱼，必然惹出凶险之事。九五 用杞柳蔽护树下之瓜，象征内中含藏彰美之德，必有喜庆自天而降。上九 走入空荡的角落与人相遇，行事必然艰难，但是没有灾祸。

象曰：天下有风，姤。后以施命诰四方。

《姤卦》与《夬卦》相反，互为宗卦，姤即覯，阴阳相遇。《姤卦》是异卦相叠，它指出天下有风，吹遍了大地，阴阳交合，才能万物茂盛。在古语中，"阴"又泛指"柔"，"阳"又象征着"刚"，所以又有阳刚于阴柔之语。

《姤卦》所说的阴阳不能失衡，指示我们在为人处世之中，应该做到刚柔相济，不可至刚，也不可至柔。要知道，至刚则易折，至柔则卑。只有做到刚柔相济，才能在纷繁复杂的人际关系中周旋有术，游刃有余。

淮南王刘长是汉高祖刘邦最小的儿子。刘长的生母赵姬原是赵王张敖的姬妾。当年刘邦北伐时经过赵国，赵王将赵姬献给刘邦，娇美的赵姬

易经的智慧

与刘邦一夜风情之后怀了身孕。后来赵王张敖因下属谋反叛乱受牵连被捕,赵姬也一同被捕。审讯期间,赵姬声称怀了皇子,但刘邦正在气头上,没有理会此事。赵姬又羞愧又绝望,生下刘长后竟然自杀而死。刘邦这才将儿子刘长认下,让吕后代为抚养。

汉高祖十年(前196),淮南王英布谋反被杀后,刘邦封小儿子刘长为新的淮南王。

淮南王刘长出身低贱,不受高祖宠爱。文帝时,高祖刘邦的儿子大都已不在人世,只剩下文帝和刘长。刘长自恃与文帝最亲,经常骄纵犯法。他生得五大三粗,力能扛鼎,因怨恨大臣辟阳侯当年没有为自己的生母赵姬辩白,竟用袖中藏着的一把铁锥将辟阳侯刺死。汉文帝念及兄弟之情,不忍将他处死,只是多次下诏切责。

刘长对文帝的教诲置之不理,不思悔过,反而变本加厉,派他的儿子刘旦等人阴谋勾结匈奴与闽越,公开发动叛乱,与朝廷对抗。事情败露后,刘长被召到长安受审下狱。负责审理此案的丞相、御史大夫都认为刘长罪行确凿,罪当弃市。而文帝却想借此表示自己的宽容大度以获得人心,就下令有司免除刘长死罪,仅削去爵号,放逐四川,以期刘长改过自新。很明显,这个处理已经是相当宽大了。

由长安往四川,一路上,淮南王坐在严密封闭的闷罐子囚车中,尽管身为囚犯,但因身份特殊,仍然让他随身携带若干名宫女前后服侍。一路迤逦而行,沿途官员只需在淮南王乘坐的囚车门上加个封印,下一站验收再加封印后即可放行,所以一路无需开封检验。谁知囚车到了雍县,雍县县令好奇,非要开封验看,想一睹淮南王的尊容。不料打开囚车一看,淮南王早已绝食自尽而死。汉文帝的本意只是想教训一下这位放荡不羁的弟弟,没想到他气性太大,竟然弄出了事端。这一来,不想杀弟却落下了杀弟的恶名。因此文帝勃然大怒,下令将雍县以前沿途各县长官以渎职罪全部论死弃市。宗室兄弟外连夷狄,图谋造反,按规矩论罪处死是理所当然的。文帝为表示他的宽大,也表示他对这个同父异母弟弟图谋不轨的惩治,人虽死了,但文帝的态度还是亮明了。

两年后，文帝怜惜刘长，便下诏将刘长的4个年仅七八岁的儿子都封为列侯：长子刘安封阜陵侯；次子刘勃封安阳侯；三子刘赐封阳周侯；四子刘良封东城侯。

汉文帝十六年(前164)，文帝再次念及兄弟之情，下诏将原淮南王国的故地一分为三，分别封刘长所生的三个儿子：刘安承袭刘长的爵位，出任第二代淮南王；刘勃晋封为衡山王；刘赐晋封为庐江王。只有东城侯刘良早死无后，便没有封王。

汉文帝宽严有度、刚柔相济的政策使当时社会安定，经济也得到了进一步的发展。

处世智慧

做人若能达到外圆内方、刚柔相济的火候，便不难进退自如、成败于胸了。

45　萃卦：勿交损友

微言大义

萃：亨；王假有庙，利见大人，亨利贞；用大牲吉。利有攸往。初六 有孚不终，乃乱乃萃；若号，一握为笑，勿恤，往无咎。六二 引吉，无咎；孚乃利用禴。六三 萃如嗟如，无攸利；往无咎，小吝。九四 大吉，无咎。九五 萃有位，无咎，匪孚；元永贞，悔亡。上六 赍咨涕洟，无咎。

萃卦，象征会聚。亨通顺利。君王来到宗庙祭祀祖先，利于大德大才之人出世，亨通顺和，利于占问；用大牲祭祀，必获吉祥。利于有所举动。初六 心怀诚信而不能保持至终，必然导致行动忙乱而与他人妄聚。于是就大声哭叫，而就在此刻又筮得一握之数，随即破涕为笑。不必再有忧虑，有所举动没有灾祸。六二 迎来吉祥，自然没有灾祸。心怀诚信有利于夏祭求福。六三 因会聚而生叹息，没有什么好处。但是有所举动也没有灾祸，仅只小有艰难。九四 大吉大利，没有灾祸。九五 会聚而适得其位，没有灾祸，但是还不能取得众人信任；有德的君长占问长期的吉凶祸福，困厄将会消亡。上六 咨嗟哀叹并痛哭流涕，可以免除灾祸。

象曰：泽上于地，萃。君子以除戎器，戒不虞。

《萃卦》中的"萃"有聚集、团结的意思，《萃卦》是论述君王于天下贤士英雄豪杰聚萃于朝廷一堂之卦，主要论述君王们应如何处理日常的君臣之间的关系问题，也用于指导日常生活中如何处理与朋友之间的关系。

每一天，我们都免不了与人打交道。而我们的成败顺逆，与所交往的人有着极其密切的联系。毋庸置疑的是，在我们所交的人群中，各种品格的人都有，那么，哪些是不值得交往、对我们事业无利反有害的朋友呢？

《萃卦》的卦象上说"君子以除戎器,戒不虞",给我们指明了交友的方向:不可结交损友。

什么是损友呢?损友一般都有着共同的特征:他们总是以自我感受为中心,不懂得维护朋友利益;不懂得感恩,不知道感恩回报;不顾念友情,经常为了一己私利,做些损害朋友利益的事情。这类人千万不能结交,也不值得结交,否则,只能给我们带来麻烦与祸患。

吕惠卿,字吉甫,泉州晋江人。当初,吕惠卿因中进士而被起用为真州推官,任期满后回京述职,遇到王安石。与王安石讨论书史经义,意见大多一致,二人成为至交。

宋神宗熙宁年间,王安石受命进行变法。吕惠卿那时正在集贤馆编修书籍,王安石竭力推荐起用吕惠卿,他对皇帝说:"吕惠卿研学先王之道又能在实际中运用,是不可多得的人才,希望皇上能重用他。"

后来,王安石设置三司条例司,就招吕惠卿任职,处理文书条令事宜。王安石事无巨细都要与他商议,凡是新政变法中所拟定的章奏法令,都出自吕惠卿之手。吕惠卿因此升迁为太子中允、崇政殿说书、集贤校理等职。

司马光上书说:"吕惠卿投机取巧,王安石被大家指责的事情都是他干的。王安石贤明,但刚愎自用,不懂时务。吕惠卿为他出谋,他就去实行,所以天下人都指责他为奸邪。他们任用私人不按吏治常规,很不得人心。"

神宗皇帝说:"吕惠卿奏对时明辨是非而且条理井然,看来是个俊才。"

司马光说:"他确实善于论辩,可心术不正,希望陛下明察。"

皇帝听后默然不语。

司马光又给王安石写信说:"谄谀献媚的人,现在所做的您觉得十分顺耳舒心,但您一旦失势,出卖您而求自己腾达的人必然是他。"王安石看罢,心里很不高兴。

那时正好吕惠卿丧父,他服丧在天章阁修《起居注》,参与制定诏诰,

易经的智慧

并与王安石的儿子一起修订《三经新义》。王安石改革遇到阻力，请求辞职，吕惠卿就指使他的同党改变姓名天天上书挽留王安石。王安石便向皇帝极力举荐吕惠卿做参知政事（副宰相）。

吕惠卿担心王安石下台后新政动摇，从而动摇自己的地位，便命令所有的监司、郡守、百官上书陈述变法的利害。他又怂恿神宗皇帝下诏，不许因为部分官吏执法不严而废止新法。

吕惠卿对三个人恨之入骨。郑侠上书说吕惠卿结党相护，冯京更是他的死对头，王安石的弟弟王安国曾经痛斥他的谄媚，并当面羞辱他，这都让吕惠卿不能容忍。他得势以后，就想方设法陷害他们三人，使他们都获罪入狱。王安石因为其弟王安国的原因，开始与吕惠卿有矛盾。吕惠卿背叛王安石之后，凡是可以陷害王氏一家的事他都干了。韩绛做宰相制服不了他，便上书请求重新起用王安石，王安石复职后仍与他共事。

王安石早先为相执政时，吕惠卿竭力谄媚迎合，到他执掌政权，王安石罢相之后，他就极力排斥王安石及其同僚，甚至把王安石的私人书信都翻出来作为证据，排斥打击他。王安石后来罢官退居金陵，因为吕惠卿为福建泉州人，就经常信手写"福建子"三个字，大概是深深后悔任用吕惠卿而又被他所误吧。后来，章惇、曾布、蔡京等人当权，都厌恶吕惠卿的为人，不再起用他。

由此可见，对待损友，不结交为上策。倘若已经结交，应该尽量疏远并多加提防，才能不受其损。

处世智慧

人生不能缺少朋友，但一定要知道怎样择友。有才有德的朋友会成为你人生的助力，无德无才的朋友则会把你带到不利的方向。

46 升卦：厚积薄发

微言大义

升:元亨。用见大人,勿恤,南征吉。初六 允升,大吉。九二 孚乃利用禴,无咎。九三 升虚邑。六四 王用亨于岐山,吉,无咎。六五 贞吉,升阶。上六 冥升,利于不息之贞。

升卦,象征上升,大吉大利。利于大德大才之人出世,不必有什么忧虑。向南方兴兵征战,必获吉祥。初六 不断进长上升,大吉大利。九二 心怀诚信有利于夏祭求福,没有灾祸。九三 上升顺利,一直升入空虚的城邑。六四 君王来到岐山祭祀神灵,必获吉祥,没有灾祸。六五 占问则可获吉祥,沿着台阶步步上升。上六 夜间还要继续上升,有利于上升不息以求上进的占问。

象曰:地中生木,升。君子以顺德,积小以高大。

《升卦》谈的是上升之卦,仍属于用兵侵伐之卦,也就是说,此卦谈的是在兼并时期,征伐其他邦国时应该注重的一些问题,即稳步前进,厚积薄发,正如《升卦》的卦象上说:"君子以顺德,积小以高大。"认为君子应该懂得这种积少成多、集腋成裘的道理,才能够步步高升。

人们都知道,江海湖泊若想变得广阔,就不能拒绝细小河流的注入;山脉若想变得高大雄伟,就不能拒绝尘土落于其上,这就是积攒的道理。

20世纪初,在太平洋两岸的美国和日本,有两个年轻人都在为自己的人生努力着。

西岸的日本人1965年从早稻田大学经济学系毕业后,在一家电器公司打工。他坚持从牙缝中挤钱,每月雷打不动地把工资和奖金的三分之

易经的智慧

一存入银行,尽管许多时候他的生活常常处于窘境,有时甚至借钱度日,但他从来不去动银行的存款。

生活在大洋东岸的美国人的情况比这个日本人还糟糕,他从 18 岁开始就整天躺在狭小的地下室里,将数百万根 K 线一根根地画到纸上,贴到墙上,接下来便对着这些 K 线静静地思索,有时甚至能面对着一张 K 线图发几个小时的呆。后来,他干脆把美国证券市场史料搜集到一起,研究证券市场走势与数字,几何和星相学的关系,在杂乱无章的数据中寻找规律性的东西。由于没有客户挣不到薪金,许多时候这个美国人不得不靠朋友的接济度日。

这样的情况在他们的生命中持续了 6 年的时间。6 年后,日本人用勤俭积蓄的 5 万美元存款,和自己长期节衣缩食,累计创业所需的 100 万美金贷款,创立了麦当劳在日本的第一家分公司,从而成为麦当劳日本连锁公司的掌门人,他就是藤田。

同样是在 6 年后,美国人发现了最重要的有关证券市场发展趋势的预测方法,成为"波浪理论"的创始人。后来,他在金融街投资生活中赚取了 5 亿美元的财富,成为华尔街上靠研究理论而白手起家的神话人物,他就是威廉·江恩,世界证券行业尽人皆知的最重要的"波浪理论"的创始人。

日本人藤田靠节衣缩食攒钱起家,美国人威廉·江恩靠研究 K 线理

142

论致富,在这两个看似风马牛不相及的故事中却蕴含着一个相同的智慧,那就是许多成就大事业的人,他们同样是从一点一滴的积累中积蓄成功力量的。

处世智慧

不积跬步,无以至千里;不积小流,无以成江河。

47　困卦：善于应对困境

微言大义

困:亨;贞,大人吉,无咎;有言不信。初六 臀困于株木,入于幽谷,三岁不觌。九二 困于酒食,朱绂方来,利用享祀;征凶,无咎。六三 困于石,据于蒺藜;入于其宫,不见其妻,凶。九四 来徐徐,困于金车,吝,有终。九五 劓刖,困于赤绂;乃徐有说,利用祭祀。上六 困于葛藟,于臲卼;曰动悔有悔,征吉。

困卦,象征困穷。亨通顺利;进行占问,大德大才之人可获吉祥,没有灾祸。可是进行自我表白,别人并不相信。初六 困坐在树干上无法安身,只得退到幽暗的山谷,三年也不露面。九二 吃醉了酒,大红祭服才送来,正好用来祭祀神灵。此时兴兵征战,虽然多有凶险,但是没有灾祸。六三 道路被乱石阻挡而困穷不通,只得居处在蒺藜之上,返身回到自己家里又见不到婚配之日,必有凶险。九四 缓缓而来,是由于被金车困阻;可是虽然行动艰难,却有好的结果。九五 施行割鼻断足之刑以治理众人;困穷因红色祭服而起,于是就渐渐不再穿了,以利于举行祭祀。上六 被葛藟缠绕得惶恐不安,有所举动便感到后悔,应当赶快悔悟,这样兴兵征战必获吉祥。

象曰:泽无水,困。君子以致命遂志。

《困卦》的"困"有困难、围困之意,本卦通过困于株木、困于酒食、困于石、困于金车等一系列形象的比喻,阐明了如何处理困境的原则——身处重重困境之时,不要被困难吓倒,从而丧失了战胜困难的决心,而是要采取隐忍待机、主动出击、见机行事等灵活手段来渡过难关。

在第二次世界大战的苏德战场上，德军几乎调集了东线所有兵力围攻斯大林格勒，大有不拿下该城誓不收兵之势。

与此同时，在距斯大林格勒400千米之外，由著名的红军将领瓦杜丁统帅的部队，在外围顽强地阻止了德军的进攻后，赢得了暂时休整的时机，德军没有突破瓦杜丁的防线，原地驻扎，开始修筑工事，丝毫没有继续进攻之势。和斯大林格勒相比，这里的战斗远没有那么激烈。这种不正常的反差，很快引起了瓦杜丁的注意。他意识到，德军的目的就是拖住他的部队，使之不能去增援斯大林格勒。

瓦杜丁将军感到问题严重，如果调动部队去救斯大林格勒，那么面前的德军必会从后面追击，要是自己按兵不动，只看住眼前的敌人，又正中了德军诡计。眼看德军成批成批地往斯大林格勒调动，斯大林格勒危在旦夕，怎么办才好呢？

瓦杜丁将军深思之后决定采取打草惊蛇的战术，迫使进攻斯大林格勒的德军抽调兵力。他先派飞机每天夜里向德军扔炸弹，白天在德军上空盘旋，进行骚扰。刚开始时，这种行动并没有引起德军多大的反应。然而，几天之后，德军就被搅得惶惶不安。晚上睡不好，白天也不敢出来晒太阳，整天缩在掩体里不敢动弹。然而，德军还是没有大规模的兵力调动。于是，瓦杜丁将军加大力度，索性组织了一次更大规模的进攻。他派部队绕到德军背后，在一个晚上突然向敌人发起了进攻，并占领了德军的后方阵地。

易经的智慧

　　如此一来,德军有点搞不清苏军的战略意图了,再加上连日来苏军飞机不断地进行轰炸,以为苏军要从他们的后方阵地实施战略总攻,立即报告前线总指挥部说:"苏军要从后方实施反攻,请火速调兵增援。"总指挥部通过种种迹象判定,苏军是要从背后攻击,于是忙从斯大林格勒抽调大量军队前来应战。守卫斯大林格勒的部队乘机发起了真正的反攻,从而取得了斯大林格勒保卫战的胜利。

　　久经沙场的瓦杜丁将军对于行军打仗之道经验丰富。在面对重重困难的时候,他没有惊慌失措,也没自乱阵脚,而是镇定自如地部署部队,让德军吃尽了苦头。

处世智慧

　　纵浪大化中,不喜亦不惧。应尽便须尽,无复独多虑。

48 井卦：万事皆有"度"

微言大义

井：改邑不改井，无丧无得，往来井井，汔至亦未繘井，羸其瓶，凶。初六 井泥不食，旧井无禽。九二 井谷射鲋，瓮敝漏。九三 井渫不食，为我心恻；可用汲，王明并受其福。六四 井甃，无咎。九五 井冽，寒泉食。上六 井收，勿幕；有孚，元吉。

井卦，象征水井。村邑变动而水井不能迁移，每日汲取，井水既不会枯竭，也不会满盈。人们来来往往不停地从井中汲水，水将枯竭也无人淘井，结果毁坏水瓶，必有凶险。初六 井底污泥淤积，井水已经不能食用，井枯树死，飞鸟再也不来栖息。九二 枯井井底小鱼往来窜游，碰破水罐因而无物取水。九三 枯井已经淘净仍然无人取水食用，使人心中凄恻悲伤；井水已经可以食用，应该赶快前来取水，君王圣明，与臣民共享福泽。六四 水井正在修整，必无灾祸。九五 井水清冽，洁净的寒泉之水可供食用。上六 修整水井的事已经完成，不需再覆盖井口，此时心怀诚信，大吉大利。

象曰：木上有水，井。君子以劳民劝相。

《井卦》是异卦相叠，从字面意思上来说，《井卦》主要阐述了这样一个道理：人靠水井生活，水井由人挖掘而成。相互为养，井以水养人，经久不竭，人应取其德，而勤劳自勉。《井卦》的卦辞上说："井：改邑不改井，无丧无得，往来井井，汔至亦未繘井，羸其瓶，凶。"意思是说，人们过量地从井中取水最终导致水井被毁，而没有水吃。因为凡事都应该有个度，只有把握这个度，事物才不会朝着相反的方向转化；倘若没有把握这个度，

易经的智慧

必会因此而遭到灾祸。

齐武帝时,车骑将军张敬儿非常相信梦。张敬儿做南阳太守时,他的妻子尚氏梦到一只手发热;他做雍州刺史时,尚氏梦到一条手臂发热;他做到开府仪同三司时,尚氏梦到半边身体都热了。于是,张敬儿便认为自己是有天命的人。

张敬儿后来做到车骑将军,却依然不满足,他老婆不再做怪梦了,他便自己编造,对亲朋好友说:"我老婆梦到全身都热了。"不久,他又编造说,他自己梦到他老家村子里的树一直长到了天上。这些话传到齐武帝耳中,齐武帝很是厌恶。

不久,有人举报张敬儿派人到蛮夷境内做买卖,齐武帝怀疑他要联络蛮夷造反,便在一次宴会上把张敬儿抓起来,连同他4个儿子一齐杀了。

张敬儿被抓时,把头上的官帽掷在地上,叹道:"都是这东西害了我。"

张敬儿因梦而得祸,看似荒诞,其实是因为他欲望太大,后来他自己编造的梦境已是给自己伪造能当帝王的符命了,这也是当皇帝的最深恶痛绝的,皇帝哪能放过他呢。

西晋大臣羊祜年少时,有阴阳先生相他父母的坟,说是会出天子,羊祜很厌恶,便把墓掘断了。后来阴阳先生看到,叹道:"可惜了,不过还是会出断臂三公。"后来,羊祜果然一条手臂断折,而且位至三公。

这两件事虽然有迷信色彩，却折射出人的心态，而祸福也相应而生，古人说"祸福心生"是有道理的。

《中庸》有"道之不行也，我知之矣。知者过之，愚者不及也。道之不明也，我知之矣。贤者过之，不肖者不及也"之说，是在告诫人们做事不要做过了头。

处世智慧

事情做得过头，就跟做得不够是一样，都是不合适的。

49 革卦：革故鼎新

微言大义

革:巳日乃孚,元亨,利贞,悔亡。初九 鞏用黄牛之革。六二 巳日乃革之,征吉,无咎。九三 征凶,贞厉;革言三就,有孚。九四 悔亡,有孚改命,吉。九五 大人虎变,未占有孚。上六 君子豹变,小人革面;征凶,居贞吉。

革卦,象征变革。时至巳日,再下定变革的决心。大吉大利,利于占问,困厄将自行消失。初九 用黄牛皮绳牢牢拴住,以防轻举妄动。六二 到了巳日断然实行变革,兴兵征战必获吉祥,而不会有灾祸。九三 兴兵征战必致凶险,占问将有危险。变革必须慎重行事,经过多次计议才能采取行动,而且行动之时必须具有诚信之心。九四 困厄将自行消失。胸怀诚信之心,断然变革天命,实行改朝换代,必获吉祥。九五 大德大才之人在变革之际气度像老虎那样威猛。未经占问就知道他具有诚信之心。上六 君子在变革之际行动像豹子那样迅捷,小人也改变昔日的面目;此时若兴师动众持续变革而不适时止息,必有凶险;而居家守中,占问才可获吉祥。

象曰:泽中有火,革。君子以治历明时。

俗话说:"事临头,三思为妙,一忍最高。"意思是说,当事情发生时,要三思而后行,不能凭一时的冲动,意气用事。正如《革卦》中的九三所说:"征凶,贞厉;革言三就,有孚。"凡事要谨慎行事,经过仔细考虑,并制定出改革的方针政策。"三思而后行"并不是指胆小怕事,瞻前顾后,它是一种成熟、负责的表现,是指在做一件事时,特别是重大问题时,必须要进行全方位的考虑。当然,"三思而后行"并不是犹犹豫豫,拿不定主意,它与快速地把握时机并不矛盾。做事情既要学会把握时机,又要在决策的时候多去思考。这样的人才有希望达到成功的彼岸,立于不败之地。

中统元年(1260),忽必烈即蒙古大汗位于开平府(今内蒙古正蓝旗东),旋即开始推行"汉法"。

忽必烈明确宣布要革故鼎新。革故,就是要革除蒙古游牧民族那些旧的、不适应中原大国的措施和办法;鼎新,就是要实行一套新的政治路线,以适应经济文化比较发达的中原地区的需要。

忽必烈从小在战争中长大,他亲眼看到蒙古贵族入驻中原以后,肆意掠夺农田、放荒牧马,严重地破坏了中原地区的先进经济和千年文明。而且蒙古贵族的这种做法,引起了中原地区广大人民的强烈反抗,农民起义不断,如果不改变这种状况,蒙古族在中原地区的统治就很难维持长久。忽必烈在即位之初,就吸收"汉法"力图改变这一状况。

所谓"汉法"是指中原历朝各代帝王实行的统治制度。这一套统治制度经过一千多年的长期发展,已逐渐完备起来。忽必烈从巩固皇权统治的需要出发,断然决定使用汉法治国。

大蒙古国的都城原在漠北的和林,忽必烈放弃和林,在漠南和中原设两个都城。中统四年(1263)五月,升开平府为上都,次年八月又改燕京为中都。起先以上都为主,从至元三年(1266)起,他在中都营造新的宫

易经的智慧

室和城墙,至元九年命名这个新城为大都。后来大都的地位逐渐上升,超过了上都,而和林成为地方机构所在地。

从地域上越来越远离以前的蒙古统治中心,更利于推行汉法。要推行汉法,必须有一套政治工具。因此,忽必烈首先仿照汉制,制定出一套从中央到地方的统治机构。

中统元年(1260)四月,在中央设"中书省"为最高行政机关,执掌全部政务,下辖吏、户、礼、兵、刑、工六部,各设尚书、侍郎。中书省长官为中书令,中书令由皇太子兼领,实际负责的是左、右丞相和平章政事。中统四年设枢密院以掌兵权,其官长为枢密使。至元五年(1268)设置御史台以掌司法,官长为御史大夫,专掌检举百官之事。

另外,还设大司农,掌农桑水利;设翰林兼国史院,掌制诰文字,纂修国史;设集贤院,掌提调学校、征集人才;设宣政院,掌宗教及吐蕃事务等,组成了元朝中央政府复杂的统治机构。

地方上,设有行省、廉访司等。行省全称为行中书省,处理一省的政务,掌管全省民政、财政、经济和军事。

在军队的设置上,忽必烈将军队分为禁卫军和镇戍军。为了防范汉军,忽必烈又从色目人中选拔壮勇者组成亲军,而以其族属之名为名,如有观察卫、康里卫、阿速卫等亲军,这些由色目人组成的亲军比五卫亲军更加得宠。

所有军队隶属于枢密院或行枢密院,而枢密院或行枢密院直接听候忽必烈的命令,没有忽必烈的命令,一律不得擅自调动部队。

忽必烈作为一名蒙古族政治家,敏锐地意识到传统的统治方式已经不能适应新的形势变化,于是积极变革,为元政权在中原的确立奠定了基础。

《系辞》说"天地之大德曰生",天地最大的德性是生,是化生万物,生生不息的功能。阴阳消长交感而幻化宇宙万物,宇宙万物又处于生生不息的流变之中。只有不断地革除旧的、不适应新时代发展的东西,新的进步的东西才能树立起来,宇宙万物才能保持生机和活力。与自然之变化发展相适应,人的变化发展体现在创造与创新上,创造是从无到有,只有创造才能富有;创新从有到有,只有创新才能发展。

处世智慧

一个国家要在创新中生存和发展,个人亦如此。人在充满生机和活力的宇宙中,才能充满信心与勇气,才能积极进取,创新发展。

50　鼎卦：知人善用

微言大义

鼎：元吉,亨。初六 鼎颠趾,利出否;得妾以其子,无咎。九二 鼎有实,我仇有疾,不我能即,吉。九三 鼎耳革,其行塞,雉膏不食;方雨亏悔,终吉。九四 鼎折足,覆公𫗧,其形渥,凶。六五 鼎黄耳金铉,利贞。上九 鼎玉铉,大吉,无不利。

鼎卦,象征鼎器。大吉大利,亨通顺利。初六 大鼎颠倒,其足向上,宜于倾倒无用之物;就像纳妾生子,其妾因子而被扶作正室,必无灾祸。九二 鼎中盛满食物,我的妻子身患疾病,不能接近我,可获吉祥。九三 大鼎失去了鼎耳,移动十分困难,美味的雉膏也不能吃;天刚降雨阴云就突然散去,终将获得吉祥。九四 大鼎难承重荷而折断鼎足,王公的美食都倒出来了,鼎身沾满污物,必有凶险。六五 大鼎配上黄色鼎耳,鼎耳配上铜制吊环,有利于占问。上九 鼎耳配上玉制吊环,大吉大利,无所不利。

象曰：木上有火,鼎。君子以正位凝命。

"鼎",不仅是一种炊具,也是政权的象征。《鼎卦》借燃木煮食、化生为熟,阐述一种除旧迎新的思想。而《鼎卦》的卦象上说:"君子以正位凝命",指出事物新制之所以成立,必须依赖贤能。启用贤能,方能除旧布新。而知人善任,给人才以"正位",才能"凝命"。

张昭字子布,彭城人,生于永寿二年(156)。

张昭小的时候就十分好学,博览群书。20岁时,他拒绝应试孝廉而与名士王朗等人讨论时事,深受陈琳赏识。东汉末年,张昭避乱扬州。

当时孙策在江东创立大业时,张昭为了避难也来到了江东,孙策知道张昭的名声，就请他来帮助自己，任他做了长史。看到张昭料理事务很有条理后，孙策又让他兼任抚军中郎将的职务。时间一长，孙策更加觉得张昭这个人品德和才能都不在自己之下，于是就放心地把所有大事都交给他办理了。当时，因为张昭地位高，就有人送来书信，想结交他，说他取得的成绩是最大的。

张昭担心这样一来，就有人说他的不是，于是就把这些事情和孙策说了，请求免除当时兼任的三个职务中的两个。孙策知道了，就对他说："我是因为你的能力，才让你任这样多的职务的，现在就是把你的职务全都解除了，换上三个人，他们做的也不能达到现在这样。"

孙策死时将孙权托付给张昭，张昭则尽力辅佐孙权，迅速稳定了民心士气。

张昭敢于直言谏议，孙权喜欢打猎，特别是组织一些人去射虎时，孙权亲自上马搭箭。有时候，老虎都会扑到孙权的马上来，这是十分危险的事情，可是孙权并不在意，反而斗志大增。张昭就说："作为一个国君，去指挥自己的将领才是重要的，现在你和野兽比试勇气，不怕天下的人笑话你吗？"

孙权开始的时候对张昭的话并不满意，后来觉得他说的有几分道理，就让人做了一辆车，自己在车里向外射箭。张昭多次进言，也使得孙权几次不快，但是孙权还是离不开他。等到吴国要选一个人做丞相时，大家都

易经的智慧

推选张昭,孙权却说:"做丞相责任重大,事情复杂,像张昭这样的辅佐将军,委任他做丞相,反而小用了他。"于是,孙权就改封他为娄侯,位置高于丞相。

张昭能明理决断,所以违背孙权意愿的事情做多了,就使孙权十分不满,甚至一度不让他朝见,把他家的门都给堵上了。不久,东吴群臣在与诸葛亮的辩论中失败,孙权不得不亲自去把门拆了,请张昭复出。

张昭晚年著有《春秋左氏传》和《论语注》等书,他死后,孙权痛惜地说:"张公一生功劳很大,我和他说话都不敢随便。他死了,我就失去了半壁江山啊!"

处世智慧

要有发现人才的慧眼,更要高明地使用人才。发现人才容易,适当地使用人才难。

51 震卦：无惧则无畏

微言大义

震:亨,震来虩虩,笑言哑哑;震惊百里,不丧匕鬯。初九 震来虩虩,后笑言哑哑,吉。六二 震来,厉;亿丧贝,跻于九陵,勿逐,七日得。六三 震苏苏,震行无眚。九四 震遂泥。六五 震往来,厉;亿无丧,有事。上六 震索索,视矍矍,征凶;震不于其躬,于其邻,无咎;婚媾有言。

震卦,象征震动。亨通顺利。雷霆骤响,震得万物惊恐惶惧,尔后却又谈笑风生。雷声惊闻百里,而匙中的香酒却没有洒掉。初九 雷霆骤响,震得万物惊恐惶惧,尔后却又谈笑风生,必获吉祥。六二 雷霆骤响,必有危险,丧失大批钱财。应该登上九重高陵,而不要前去追寻,七日之内自会失而复得。六三 雷霆震动,惶惶不安,震惧而行,却不会有什么灾祸。九四 雷霆震动,惊慌失措而坠入泥沼之中。六五 雷霆震动,上下往来,都有危险;无重大损失,但会发生事端。上六 雷霆震动,瑟瑟发抖,两眼惶惶不安,此时兴兵征战必有凶险。若尚未震及自身,而仅震及近邻,就预加防备,则没有灾祸。但是若谋求婚配,将招来闲言碎语。

象曰:洊雷,震。君子以恐惧修省。

人生在世,难免会遇到这样那样的危险困难,而每当面对这样的情况时,又该如何去应对呢? 有经验的人无论碰上什么棘手的事情,都会镇定自如,寻找最佳方法去解决问题;而没有经验的人,往往会不知所措,不但解决不了问题,而且还会误事。

《震卦》中的"震",是借雷震的震,不仅指雷震的震,也有震动、震撼、震惊的意思,或指超过一般人承受压力而造成的骇异局面。《震卦》初九

易经的智慧

说:"震来虩虩,后笑言哑哑,吉。"它告诉我们一个人生智慧——每个人都难免会遇到一些突如其来的危险,倘若依然能够谈笑风生、镇定从容地去应对,不恐惧、不害怕,便不会被打败。

著名心理学家威廉·詹姆斯说过:"世界由两类人组成:一类是意志坚强的人,另一类是意志薄弱的人。后者面临困难挫折时总是逃避,畏缩不前,因而等待他们的也只有痛苦和失败。但意志坚强的人则不会这样,他们内心都有股与生俱来的坚强特质,所谓坚强的特质,是指在面对一切困难时,仍有内在勇气承担外来的考验。"

一个积极思考的人并不否认消极因素的存在,他只是不让自己沉溺其中,而是镇定从容去面对。

美国著名的电台广播员莎莉·拉斐尔在她的30年职业生涯中,曾遭18次被辞退,可是每次她都坚持下来了。

最初由于美国的无线电台认为女性不能吸引听众,没有一家肯雇用莎莉,她好不容易在纽约一家电台谋到一份差事,不久又遭辞退了,辞退她的理由是说她跟不上时代。莎莉并没有因此灰心,她总结了失败的教训,又向国家广播公司电台推销她的清谈节目构想。电台勉强答应了,但提出要她在政治台主持节目。莎莉曾一度犹豫,因为她觉得自己对政治所知不多,恐怕很难成功。但坚定的信心促使她大胆地去尝试了。她对广播早已轻车熟路,于是她利用自己的长处和平易近人的作风,大谈7月

4日美国国庆节对她自己有何意义。另外,莎莉还邀请听众打电话来畅谈他们的感受。听众立刻对这个节目产生了兴趣,她也因此一举成名。

如今,莎莉已成为自办电视节目的主持人,曾两度获奖。在美国、加拿大每天有800万观众收看这个节目。她曾说:"我遭人辞退18次,本来大有可能被这些遭遇所吓退,甘愿放弃,做不成我想做的事情。结果相反,我让它们鞭策我勇往直前。"

近于绝望的境地最能启发人潜伏着的力量,没有这样的经历,人们便难以显露真正的力量。正如很多人都把自己所取得的成就归功于生理的障碍和奋斗的苦难。也有人说,如果没有那障碍与苦难的刺激,他们也许只会发掘出他们1%的才能。

一个真正勇敢的人,在磨难中昂首挺胸,意志坚定。他敢于克服任何困难,嘲笑任何厄运,因为贫穷困苦不足以损他毫发,反而增强了他的力量!

处世智慧

狂风和海水激战的时候,只有勇敢镇定的水手才能抵达彼岸。

52　艮卦：不出其位

微言大义

艮：艮其背，不获其身；行其庭，不见其人。无咎。初六 艮其趾，无咎，利永贞。六二 艮其腓，不拯其随，其心不快。九三 艮其限，列其夤，厉薰心。六四 艮其身，无咎。六五 艮其辅，言有序，悔亡。上九 敦艮，吉。

艮卦，象征抑止。抑止背部，使整个身子不能动弹，在庭院里行走，却见不到人，没有灾祸。初六 抑止脚趾而不让起步，没有灾祸，利于占问长久之事。六二 抑止小腿肚的运动，无法举步追随应该追随之人，心中不能畅快。九三 抑止腰胯的扭动，以至于撕裂了里脊肉，危险像烈火烧灼，使人忧心如焚。六四 抑止上身使其不得妄动，必无灾祸。六五 抑止面颊使其不得妄言，说话有条有理，没有灾祸。上九 以敦厚的美德抑止邪欲恶念，必获吉祥。

象曰：兼山，艮。君子以思不出其位。

《艮卦》的"艮"喻指静山，讲的是如何抑制自己言行的卦。《艮卦》指出，为人出世，当行则行，当上则上；不当说则不说，一切必须审慎抑止为是，除此以外，没有别的。正如《艮卦》的卦象上所说，"君子以思不出其位"，说的就是这个道理。

俗话说："不在其位，不谋其政。"意思是说，不该我们做的事情，我们不去做，不该我们管的事情，我们不要去管。倘若做过了头，管过了头，必会产生祸患。在足球场上的每一位运动员都有自己的位置，就拿后卫队员来说，他的职责就是帮助守门员进行防守。倘若他跑到禁区之内像守门员一样用手抱球自然是不允许的，如果他做了，就属于犯规，就要受到相应的惩罚。

公元前559年的一天,卫献公传召大臣孙林父和宁惠子共进午餐。孙林父、宁惠子早早穿上朝服,静静地在宫中等候卫献公的到来。

可是到了中午,卫献公却依然还在后花园射鸿雁玩乐。太监提醒他,卫献公却说:"寡人没有尽兴的时候,连朝廷大事都不会理,何况只是一顿午餐呢?让他们等着好了。"

天色已晚,卫献公仍在玩乐。当他得知孙林父、宁惠子二人坐立不安时,竟然放声狂笑起来。他对随从人员说:"这两个人平日居功自傲,寡人就是要借此杀杀他们的锐气。寡人是君,他们是臣,'君让臣死,臣不得不死',何况只是让他们等会呢。他们就算会有不满,也不敢把寡人怎么样。"

孙林父、宁惠子二人饥饿难忍,便找到后花园,不想卫献公冷眼以待,绝口不提宴饮的事,还训斥二人:"听说你们揽权纳贿,多行不法,可有此事?"

卫献公态度严厉,目光逼视,二人打个冷战,连忙分辩。卫献公见二人惶恐不安的样子,竟又笑出声来,随口说:"你们知道害怕,寡人就不追究了。寡人只想让你们知道,你们的事是瞒不过寡人的慧眼的。"

孙林父、宁惠子连遭羞辱,心中气极。他们从宫中出来,同时道:"如此昏君,我们还指望他什么呢?"孙林父一气之下,回到他的封邑戚城去

161

易经的智慧

了。他越想越生气,毅然集合族人进入国都攻打卫献公。在孙林父率领队伍向都城进发的路上,又有很多怨恨卫献公的人纷纷加入。

卫献公恐慌之下,派他的3个儿子去同孙林父讲和,不料孙林父回绝道:"我被逼而反,早就做了必死的准备;似你之人,哪里会让人相信呢?"孙林父杀了卫献公的3个儿子,继续进军。献公又派庶子前去,也被孙氏所杀。最终,卫献公不得不逃往齐国,被齐国国君收留。

孔子说:"不在其位,不谋其政。"曾子说:"君子思不出其位。"说的都是一个人应该做自己该做的事情,不要思考自己不该思考的事情。卫献公虽然为君,然而却超出了为君之道,官逼民反,民焉有不反之理?

处世智慧

在其位,谋其政。做自己该做的事情,把自己的事情做好是最重要的。

53 渐卦：循序渐进

微言大义

渐：女归吉,利贞。初六 鸿渐于干,小子厉,有言,无咎。六二 鸿渐于磐,饮食衎衎,吉。九三 鸿渐于陆,夫征不复,妇孕不育,凶；利御寇。六四 鸿渐于木,或得其桷,无咎。九五 鸿渐于陵,妇三岁不孕；终莫之胜,吉。上九 鸿渐于陆,其羽可用为仪,吉。

渐卦,象征渐进。女子出嫁婚礼渐行,可获吉祥,有利于占问。初六 鸿雁飞行渐进到了河岸边,预示幼童将遭遇危险、有流言蜚语把他责难,但是并无灾祸。六二 鸿雁飞行渐进落到巨石之上,安享饮食和乐欢快,必获吉祥。九三 鸿雁飞行渐进落到小山顶上,预示丈夫出征一去不复返,妻子失贞身怀有孕而无颜生子,必有凶险。利于防御贼寇。六四 鸿雁飞行渐进,有的落到大树之上,有的落到木桷之上,都不会有灾祸。九五 鸿雁飞行渐进落到山陵之上,预示妻子三年不会怀孕,但外物最终也不能取胜,必获吉祥。上九 鸿雁飞行渐进落到高山之顶,羽毛美丽异常,可以用于仪饰,十分吉祥。

象曰：山上有木，渐。君子以居贤德善俗。

万事开头难。第一步总是很难迈出的,很多人执迷于周全的计划、详细的考虑,把种种困难全部一起挖出,然后在脑海中寻思各种克服的办法,结果又有新的困难产生,越来越千头万绪。最终被困难的复杂性与庞大性压倒,在行动之前就已放弃。《渐卦》的"渐"本意为循序渐进、逐渐之意,而在本卦中,以女子出嫁来喻进取需要循序渐进。

《渐卦》中的"渐"即进,指渐渐前进而不急速,有循序渐进、逐渐之

易经的智慧

意。《渐卦》通过运用"女归""妇孕""飞鸿"三个例子，阐述了做事情应该循序渐进，不要急于求成的思想。"循序"的目的就是"渐进""渐进"的结果就是成功。只有遵照一定的方式方法逐渐"渐进"，才能够获得成功。

在美国一个偏远的小山村里，曾有一位出身卑微的马夫，他后来成为美国一位著名的企业家，他就是查理·斯瓦布。

查理·斯瓦布小时候生活在宾夕法尼亚的山村里，环境非常艰苦，他

只受过短短几年的教育。从 15 岁开始，他就在村里赶马了。过了两年，他才找到了另外一个工作，每周只有 2.5 美元的报酬。不久，他去卡内基钢铁公司的一个工厂应聘，被正式聘用后日薪 1 美元。当他在这个工厂里做工的时候，就暗暗地下决心：总有一天我要做到最高层的管理，我一定要做出成绩给老板看，使他主动来提升我。我不去计较薪水，我要拼命工作，做到最好，使我的工作价值远远超过我的薪水。

斯瓦布的积极行动果然成就了他的成功。在进工厂工作不久，他就升任技师，接着升任总工程师。到了 25 岁的时候，他就当上了那家房屋建筑公司的经理。又过了 5 年，他便兼任卡内基钢铁公司的总经理。到了 39 岁，他一跃升为全美钢铁公司的总经理。后来，他成为伯利恒钢铁公司的总裁。

循序渐进是事物发展的一般规律，它所要说明的是，起初的力量薄弱

并不要紧,只要能够寻找一个适应自己的环境,逐渐壮大自己,认真努力,便不难成功。

处世智慧

在人生的道路上,不要因为前进的步伐缓慢就停止脚步。要知道一旦停止就无法前进,哪怕是1厘米。

54 归妹卦：永终知弊

微言大义

归妹：征凶，无攸利。初九 归妹以娣，跛能履，征吉。九二 眇能视，利幽人之贞。六三 归妹以须，反归以娣。九四 归妹愆期，迟归有时。六五 帝乙归妹，其君之袂，不如其娣之袂良；月几望，吉。上六 女承筐，无实；士刲羊，无血。无攸利。

归妹卦，象征嫁出少女。向前进发必有凶险，没有什么好处。初九 少女出嫁，妹妹从嫁作侧室，犹如跛足者奋发前行；兴兵征战可获吉祥。九二 目盲而勉强观看，利于安恬幽居之人占问。六三 少女出嫁，姐姐从嫁作侧室，夫家反而把妹妹遣归娘家。九四 少女婚期一再拖延，迟迟不嫁，为的是等待时机。六五 帝乙嫁女，正室的服饰反而不如随嫁妹妹华贵；成亲日期选在既望之日，十分吉祥。上六 少女手捧食匣，却没有嫁妆可盛；新郎杀羊，却没有放出血来，没有什么好处。

象曰：泽上有雷，归妹。君子以永终知弊。

从字面上看，《归妹卦》主要讲述的是男女婚嫁的事，而《归妹卦》正是由此而论，认为男婚女嫁本来是很正常的事情，但是不能违背常理而为。姐姐出嫁而让妹妹陪嫁，这是有违常理的。

《归妹卦》在卦象指出："君子以永终知弊。"意思是说，君子应当摒弃错误的观点和理念，修身养性，洁身自好，尽可能做到趋利避害，不做有悖常理之事，才能防患于未然。

明朝有个人叫彭泽，他年幼时家里贫苦，但他读书认真刻苦，终于考中进士，并官至刑部郎中。后来，因得罪有势的宦官，彭泽被外放为徽州知府。

彭泽的女儿临当出嫁,彭泽便用自己的俸银做了几十个漆盒当作陪嫁,派属吏送回家中。彭泽的父亲看到后勃然大怒,立刻把漆盒都烧了,自己背着行李奔波几千里来到徽州。

彭泽听说父亲突然来到,不知家中出了什么大事,忙出衙相迎,却见父亲满面怒容,一句话也不说。彭泽见状,也不敢造次发问,见父亲风尘仆仆地奔波了几千里,又背负行李,便使眼色让手下府吏去接过行李。彭泽的父亲更生气了,把行李解下,掷到彭泽的脚下,怒声道:"我背着它走了那么远的路,你就不能背一会儿吗?"彭泽被骂得哑口无言,抬不起头来,只得背着行李把父亲请进府衙。

彭泽父亲进屋后,既不喝茶,也不落座,反而命令彭泽跪在堂下。府中官吏纷纷走上前为知府大人求情,可全都无济于事,彭泽虽不知父亲为何动怒,却也只能跪在地上。彭泽的父亲责骂彭泽:"你本是清贫人家子孙,如今做了几天的官,就把祖宗家风全忘了。皇上让你作知府,你不想着怎样使百姓安居乐业,却学着贪官的样儿,私自挪用官中财务,这样下去,过不了多久,不也会变成祸国殃民的贪官了?"

直到此时,彭泽才知道父亲为何如此盛怒,他满心委屈,却不敢辩解。府中衙吏替他辩白,说东西是大人用自己俸银所买,并非官家钱物。

彭泽的父亲却说:"开始时用自己的俸银,俸银不足便会动用官银。

易经的智慧

现在不过是几十个漆盒,以后就会是几十车金银。贪官跟海盗一样,都是从小做起的。况且府中官吏也是朝廷中人,并不是你家奴仆,你却派人家奔波几千里地为自己女儿送嫁妆,于情于理,这说得通吗?"

彭泽连连叩头,满府官吏也苦苦求情,彭泽父亲却依然怒气不解,他拿过手拄的拐杖把彭泽痛打了一顿,然后拾起地上还未解开的行李,径自出府,又步行几千里回老家去了。

受此痛责后,彭泽不但更加廉洁自守,不收贿赂,而且不再记挂家中的事情,把整个心思都扑在了府中政务上。当年朝廷审核官员业绩,以徽州府的政绩最高。

彭泽的父亲不远千里,不辞劳苦,为的就是要告诫儿子"永终知弊"。而彭泽也很争气,不但没有走上歪路,而且还作出了成绩。

处世智慧

人生在世,一定要修德尊礼,注重自我的内在品格,特别是为官者,更要懂得廉洁自律。

55 丰卦：日中则昃，月满则亏

微言大义

丰:亨,王假之;勿忧,宜日中。初九 遇其配主,虽旬无咎,往有尚。六二 丰其蔀,日中见斗,往得疑疾;有孚发若。吉。九三 丰其沛,日中见沫。折其右肱,无咎。九四 丰其蔀,日中见斗;遇其夷主,吉。六五 来章,有庆誉,吉。上六 丰其屋,蔀其家,闚其户,阒其无人,三岁不觌,凶。

丰卦,象征丰厚盛大。举行祭祀大典,君王亲自到宗庙主祭,无须忧虑,宜于在太阳居中时开祭。初九 遇到佳偶,尽管双方一切相当却没有灾祸,有所举动必获奖赏。六二 丰厚的结果导致光明被遮蔽,犹如正午出现满天星斗。有所举动必遭猜疑,但心怀诚信可以消除猜疑,十分吉祥。九三 丰厚遮蔽光明的幔帐,正午一片昏黑,此时折断了右臂,也不会有什么灾祸。九四 丰厚的结果导致光明被遮蔽,犹如正午出现满天星斗。遇到自己的同类,则十分吉祥。六五 光明重现,带来了喜庆和美誉,十分吉祥。上六 丰厚房屋,遮蔽居室,对着窗户向室内窥视,里边空无一人,三年之内一直无人露面,必有凶险。

象曰:雷电皆至,丰。君子以折狱致刑。

"丰"原是一个象形字,像是豆子生了芽。《广雅·辨诂》上说:"丰,满也。"因此"丰"有丰富、丰盛、丰满之意。在《易经》的《丰卦》中这个"丰"象征大,如太阳一样普照大地而又运行不止。

《丰卦》是异卦(上离下震)相叠,电闪雷鸣,成就巨大,喻指达到顶峰,如日中天。《丰卦》也告诫我们:当人生拥有最丰富的"盛宴"时,务必要保持清醒的头脑,避免事物朝着相反的方向发展。治乱相因,盛衰无

易经的智慧

常,不可不警惕。

宋太宗时期,寇准因才能过人、胆识过人、刚正不阿而被委以重任。

官职升得快,自然有很多人看了眼红,招致不少小人的妒忌。一些人经常背地里向皇上告寇准的恶状,说他不忠、不孝,干了很多不法的事,想把他整下去。寇准当时官位很高,没有绝对势力的人是很难击垮他的。这样,他更加不以为意,做事情有时也自以为是,不听众人的意见。

这样,和寇准在政见上相合的人都不同程度地封了官,而寇准平素不喜欢的人大多都被降职使用了。寇准喜欢的人当中有一个叫彭维节的,后来被提升为屯田员外郎,职位一下子超过了原本在他之上的虞部员外郎冯拯。有一年的南郊祭祀,冯拯负责官职位次排列,就把彭维节排在自己的后边。寇准发现之后十分生气,警告冯拯说:"如果你不改过来就是扰乱朝廷的制度,我就对你严加惩办。"这下冯拯受不了了,就上告太宗,说寇准大权独揽,把寇准向来不乐意听从别人意见的事情都一一罗列出来。广东运转使也上书说:"吕端、张洎和李昌龄都是寇准推荐的亲信,他们谁都不敢和寇准抗争,结果导致寇准说什么算什么,随心所欲,把朝廷的制度搞得乱了套。"太宗听了很生气,就把吕端等人找来训话,责怪他们在寇准处理政务时不加以牵制。吕端说:"寇准性情刚烈,什么事情都喜欢自己做主,我们不愿意和他争论,是担心这样下去会伤害了大宋的荣誉。"太宗越发觉得寇准这个人太独断,就在朝廷上问起冯拯和彭维节的那件事情来,寇准想当场进行解释,太宗不听,太宗说:"如果在朝廷上进行争论,你不觉得有失国家的体面吗?"寇准还是力争此事自己无错,太宗大怒:"耗子和麻雀还能体会到人的意思,何况你呢?"然后,太宗罢免了寇准的职务,把他贬到邓州去做地方上的小官。

宋真宗执政时,觉得朝廷上没有寇准那样能果断抉择的人不行,就把寇准召回到兵部任三司使。寇准为皇上效力忠心不二,加上的确学识过人,能力超群,很快,他所掌管的政务就理清了。加上澶州之战退敌有功,真宗就让他做了宰相。

性格刚烈的寇准只知道为国出力,对小人从不设防,哪怕是和皇上有了政见不合的地方也据理力争,慢慢地,他手中的权力开始被削减。王若钦等人到处找寇准的毛病,想把他整下去,而寇准却还不知道他们的心术。后来真宗中风不起,寇准私下里和真宗议论立太子的事情,并且着手选择正直的大臣来辅佐。他说:"丁谓、钱惟演是些不学无术的小人,不能让他们参与辅政。"可是,寇准手里的实权已经不在,刘皇后等人知道了这件事后,就把寇准从朝廷里清除出去,贬他到雷州做了一个小小的司户参军。

真宗临死时说:"很长时间没有看到寇准了,只有他和李迪才是让我放心的人,可是寇准看不清那些小人啊,否则也不至于被贬到雷州。"

处世智慧

治乱相因,盛衰无常,不可不警惕。

56　旅卦：忧前顾后，自取灾祸

微言大义

旅:小亨,旅,贞吉。初六 旅琐琐,斯其所取灾。六二 旅即次,怀其资,得童仆,贞。九三 旅焚其次,丧其童仆,贞厉。九四 旅于处,得其资斧,我心不快。六五 射雉,一矢亡;终以誉命。上九 鸟焚其巢,旅人先笑,后号咷;丧牛于易,凶。

旅卦,象征行旅。小有亨通顺利,外出旅行,占问可获吉祥。初六 外出旅行,出门就猥猥琐琐,举止不定,这会招致灾祸。六二 旅人住进客店,怀中揣着钱财,并得到童仆的忠心侍奉。九三 客店失了大火,童仆也逃跑了,十分危险。九四 旅行受到阻碍,虽然后来幸得钱财之助,利斧之防,但是内心仍然不快。六五 射杀野鸡,却丢了一支箭,不过最终还是获得美誉并承受封爵之命。上九 树上的鸟巢被烧毁,旅人先笑后哭号;在田边丢失了耕牛,必遭凶险。

象曰:山上有火,旅。君子以明慎用刑而不留狱。

《旅卦》的卦象上说:"君子以明慎用刑而不留狱。"其意是说,作为决策者不要忧前顾后,处理事情应该当机立断,不要拖延。

大多数人可能质疑,认为"谨慎思维"与"当机立断"有冲突。其实它们之间根本不会有冲突,凡事不想一想就行动,太过莽撞,往往会导致后患。但想得太多,翻来覆去,瞻前顾后,则容易陷入犹豫不决之中,导致优柔寡断。因此,做事情也需要坚决果断。所以,两者缺一不可,互为补充,"当机立断"以"谨慎思维"为前提,既要谨慎行事,又不忧前顾后,拖拖拉拉贻误时机。如果不能这样,必然会自取灾祸。

历史上,因为忧前顾后而自取灾祸的例子很多。

战国时代,楚国令尹春申君黄歇在任职的时候,有人劝他及早把李园这个实力派人物铲除。黄歇犹豫不决、优柔寡断,迟迟没有接受劝告,后来反被李园派来的刺客杀死。

三国时期的袁绍集团,曾经谋士如云,战将如雨。这对于袁绍来说是一个极好的条件,但当事情一旦决策时,众谋士就各抒己见,而袁绍又没有决断能力,不知取舍,难做决定。在白马之战中,袁绍听说有一个使用大刀,红脸、长着长胡子的人斩了自己的大将颜良后,非常生气。这时,谋士沮授趁机建议他及时除去刘备。袁绍就指着刘备说:"你的兄弟杀死了我的大将,你一定和他是同谋,我不能留你了。"

刘备从容说:"天下长着同样相貌的人太多了,难道红脸、长须、使大刀的人就一定是关羽吗?"

袁绍听后,马上改变了主意,反而责怪沮授:"我误听了你的逸言,险些把好人杀了。"

接着,关羽又杀了袁绍的大将文丑。袁绍的一员大将马上就对袁绍说:"现在,关羽又杀了我的大将,可刘备却假装不知道,这不合情理。"

袁绍听后大骂:"胆大的狗贼,竟敢屡次欺骗于我,速将刘备推出去斩了。"

刘备又反驳说:"曹操素来嫉妒我的才能,现在他知道我在你这里,害

易经的智慧

怕我会帮助你,就故意让关羽诛杀你的两员大将,目的就是想激怒你杀了我。"

袁绍听后,反过来责备这位属下:"玄德分析得很正确。你们差点让我害了有贤之士。"

本来袁绍有两次机会可以除去刘备,但刘备都化险为夷。从中可以看出刘备的机敏和袁绍的多谋少决、谋而不断。

由于袁绍的多谋少决,最终的官渡之战败在了曹操之手。

俗话说得好:"机不可失,时不再来。"面对良机,当机立断,果敢地、及时地做出有利于自我的决策是非常重要的。

犹豫不决是效率的敌人,也是成功的障碍。有勇气、有智慧、有胆略的人谨慎行事,但不是犹豫不决,他们懂得如何把握时机,速战速决。只有牢牢把握住效率的先机,才会与成功越来越近。

处世智慧

"人算不如天算",再精明的人也有谋划不周的时候,与其等待万事俱备,不如当机立断,顺势而为,扭转形势。

57　巽卦：申命行事

微言大义

巽：小亨,利有攸往,利见大人。初六 进退,利武人之贞。九二 巽在床下,用史、巫纷若吉,无咎。九三 频巽,吝。六四悔亡,田获三品。九五贞吉,悔亡,无不利;无初有终;先庚三日,后庚三日,吉。上九 巽在床下,丧其资斧;贞凶。

巽卦,象征顺从。柔小者亨通顺利,宜于有所举动,利于大德大才之人出世。初六 进进退退,犹豫不前,利于勇武之人占问。九二 顺从太过而卑居床下,若能效法祝史、巫师勤勉忙碌的样子,则十分吉祥,不会有什么灾祸。九三 一而再,再而三地顺从他人,行事必然艰难。六四 困厄将会消亡。打猎时捕获三种禽兽。九五 占问可获吉祥,困厄自行消失,无所不利。起初即使不顺利,最终却能畅行无阻。时间当以庚日的前三日和庚日的后三日为宜,这七日行事,必获吉祥。上九 顺从过分而卑居床下,结果丧失了钱财之助和利斧之防;占问则有凶险。

象曰:随风,巽。君子以申命行事。

《巽卦》是同卦(上巽下巽)相叠,巽为风,两风相重,长风不绝,无孔不入。在此卦中,巽有顺从的意思,不可否认的是,大多数人都很喜欢别人顺从自己。自古帝王将相都信奉"顺我者昌,逆我者亡"这句话,然而在《巽卦》的九二、九三中却说,"巽在床下,用史、巫纷若吉,无咎""频巽,吝",意思是说,当意见不一致时,可以采用占卜的方法,用神灵以明示,但是,如果频频征求意见,自己心无主见,犹豫不决,朝令夕改,则将会带来后悔和惋惜。因此,人们不应该过于顺从命运的安排,否则,必将会造成

易经的智慧

行事艰难,一事无成。自己的命运应该掌握在自己手中,《巽卦》的卦象上说"君子以申命行事",说的就是这个道理。只要我们同命运抗争,才能战胜所谓的命运,创出一片属于自己的天空。

公元前74年,汉宣帝刘询登基。他强调"霸道""王道"杂治,重视吏治,使汉朝又强盛了一个时期。汉宣帝五凤元年(前57),匈奴分为南北两部。由于贵族争夺权力,连连发生内战。甘露二年(前52),南匈奴呼韩邪单于被他的哥哥郅支单于打败,死伤了不少人马。为了部落的生存,呼韩邪决心投降汉朝,和汉朝重新修好。次年,呼韩邪亲自到汉朝首都长安朝见汉宣帝。

对于第一个来到汉朝朝见的匈奴单于,汉宣帝给予他极高的礼遇,以贵宾相待。汉宣帝亲自率文武百官到长安郊外去迎接呼韩邪单于,并在临前大殿为他举行了盛大的招待会。

呼韩邪单于对汉宣帝的盛情与真挚十分感动,在长安住了一个多月。为了重振部落,他请求汉宣帝帮助他返回漠南。为了削弱与汉朝敌对的匈奴势力,汉宣帝派了两个将军带领一万名骑兵将呼韩邪护送到漠南。为了帮助匈奴度过粮荒,还送去了三万四千斛(古时候十斗为一斛)粮食,使呼韩邪部落又强大了起来。西域各国看到此情此景,也都纷纷效仿,争相和汉朝和好。

公元前49年,汉宣帝去世,他的儿子刘奭即位,称汉元帝。匈奴的郅支单于乘势侵犯西域各国,甚至杀了汉朝派去的使者。为了打击郅支单于的嚣张气焰,汉元帝派兵讨伐,在康居打败了郅支单于,将他擒拿后处死。郅支单于一死,呼韩邪单于的地位就稳定了。为了表示匈奴与汉朝永远和好的诚意,公元前33年,呼韩邪单于第二次来到长安,提出了同汉朝和亲的请求。汉元帝欣然应允。

按照惯例,汉朝和夷族和亲,都要挑个公主或者皇室的女儿。这回汉元帝决定挑个宫女嫁给呼韩邪单于,圣旨传到后宫:"谁愿意到匈奴去,皇上就认她做公主。"上千的宫女幽囚在宫中,除了半男半女的太监,就仅有一个男人——皇帝。而皇帝"临幸"宫内嫔妃、宫女,机会实在太少了。

宫女无异于尼姑,她们都渴望有一天能离开皇宫,过正常人的生活。但是,当她们听说是去匈奴时,却没一个人乐意去。

宫女王嫱,字昭君,南郡秭归人,不仅长得姿色秀美,且深明大义,从自身命运着想,也为了汉朝与匈奴的和好,就毅然自请去匈奴和亲。

汉元帝吩咐办事的大臣择日为呼韩邪单于和王昭君在长安举行成亲盛典。呼韩邪单于一见到王昭君,便为她的美貌所倾倒,两人互诉衷情,感情融洽。

这一天,呼韩邪单于携王昭君向汉元帝谢恩,汉元帝看到王昭君美丽而又大方,惊讶自己的后宫竟有这般仙女而竟然不知晓,后悔当初怎么不先亲视一下。有心将王昭君留下,可又不好言而无信。

相传,汉元帝回到宫内,越想越懊恼。命人从宫女的画像中将王昭君的像拿来再看,虽然模样相似,但和王昭君本人实际相差很大。原来,画师毛延寿是个贪贿小人,哪个宫女给他贿金,他就给她画美一点。否则,一笔带过应付了事。汉元帝一气之下,下令将画师毛延寿斩首。

王昭君在汉朝和匈奴官员的护送下,离开了长安。远离了京城,远离了繁华,远离了亲人,一路朔风刺骨,风沙弥漫,昭君不时回首眺望南方,不知何日再能与亲人团聚,不免落泪。但她仍觉得自己比其他宫女幸运,又觉肩负使命,所以勇往直前。

王昭君到了匈奴,做了呼韩邪单于的"宁胡阏氏"(君主的正妻)。开

易经的智慧

始,语言、生活习惯、饮食各方面都不习惯。王昭君处处尊重匈奴的习俗,一方面精心服侍单于,使得夫妻恩爱,一方面,她体贴爱护臣民,以身示范,使得同去的汉人与匈奴人相处得亲如一家。王昭君以自己的品德、知识与智慧,博得匈奴人对她的喜爱和尊敬。

王昭君去匈奴没多久,汉元帝就死了,他的儿子刘骜即位,为汉成帝。昭君肩负着睦邻友好的使命,经常劝呼韩邪单于不要发动战争,还把中原的文化传给匈奴。呼韩邪单于死后,其前阏氏之子代立,汉成帝又命昭君从胡俗,复为后单于的阏氏。从此以后,匈奴和汉朝和睦相处,有60余年没有发生战争。

王昭君不甘心命运的摆布,毅然嫁往匈奴,不仅加强了汉朝和匈奴的友好关系,也使自己免于老死宫中,寂寞一生的命运。

命运对每个人都是公平的。有些人不屈服于命运的安排,自己掌握了自己的命运;有些人为命运所左右,甘心做命运的奴隶。

处世智慧

在不幸的命运面前屈服,最终会成为命运的奴隶。积极地挑战不幸,不屈服命运的安排,才是命运的主人。

58 兑卦：待人要和颜悦色

微言大义

兑：亨,利贞。初九 和兑,吉。九二 孚兑,吉,悔亡。六三 来兑,凶。九四 商兑未宁,介疾有喜。九五 孚于剥,有厉。上六 引兑。

兑卦,象征欣悦。亨通顺利,利于占问。初九 和颜悦色待人接物,十分吉祥。九二 心怀诚信并面带喜色,十分吉祥,困厄将自行消亡。六三 前来献媚以求欣悦,必有凶险。九四 计议之中和忧欢洽,但事情却未办妥,消除献媚求悦之患则可获喜庆。九五 施诚取信于损伤正道者,则有危险。上六 引诱他人与自己共相欢悦。

象曰：丽泽,兑。君子以朋友讲习。

《兑卦》是同卦(上泽下泽)相叠,兑为泽,泽为水。两泽相连,两水相交,上下相和,团结一致,朋友相助,欢欣喜悦。"兑"有喜悦、愉悦之意,《兑卦》是谈论喜悦的卦,也是《周易》中唯一谈论喜悦的卦。《兑卦》初九上说："和兑,吉。"认为和颜悦色地待人接物必然会带来吉祥。与人交往最直接的方式就是通过语言来完成的,故而,《兑卦》的卦象上说："君子以朋友讲习",这里的"讲习"指的就是一种言说。

要想和颜悦色地为人处世,就必须讲究说话的技巧。只有说的大方、得体,别人才会觉得我们和颜悦色,才会接受我们的话语。倘若语言上存在问题,我们即便想做到和颜悦色,也是办不到的。

蔡邕,字伯喈,陈留圉人,蔡文姬的父亲,东汉末期最重要的学者之一,文学家、书法家。公元 190 年,汉献帝迁都长安时,蔡邕为左中郎将,官位显赫,进进出出总是前呼后拥,宅前门庭若市,车马塞巷,堂中宾朋满

易经的智慧

座,谈笑风生。

蔡邕博学多识,熟通经史,喜好数术、天文,对音律很有研究。他也擅长鼓琴、绘画、辞章,精工篆隶,尤以隶书著称,所以敬仰他的人很多,他的家中,上门求教的人络绎不绝。山东的王粲就是其中一个。

王粲,字仲宣,山阳高平人,三国时曹魏名臣,也是著名文学家。当时王粲正值年少,可是才华却很出众,美名远播四方。王粲也喜欢数术,他为了拜访蔡邕,专程从山东步行来到了长安。

这一天,蔡邕正在家里和人交谈,家丁来报:"山东王粲求见!"

那时候,人们在家里都是脱鞋席地而坐的,蔡邕听说山东的王粲来了,急忙起身,连鞋都顾不得穿好就跑出门外前去迎接。在座的客人见蔡邕这么匆忙地跑出去,还以为王粲是一个什么大官,也都连忙站起来恭候。等到蔡邕请王粲来到堂中时,大家都大失所望。原来这王粲不仅年幼,而且长得又矮又小,分明是个半大孩子。

蔡邕请王粲坐在上宾的位置上,向大家介绍说:"这是山东王家的公子,很有才能,各方面都很杰出,比我要强出许多啊!"

有客人见蔡邕这样热情地对待一个半大孩子,很是不屑,说:"蔡公为了迎接王公子,忙得连鞋都顾不上穿,难道就是因为王粲是山东王家的公子吗?"

蔡邕并不在乎,说:"王家公子是非常有才能的人,虽然年少,但他的学识比我要高出许多,我对他是非常敬仰的。换句话说,只要是来见我的人,我都应该非常礼貌地对待,更何况王公子是从山东徒步走到长安来和我交往的呢?对于这样诚恳的客人,我们更应该热情地对待才是!"

王粲听到蔡邕这样说,非常感动,诚恳地说:"蔡公这样看得起我,这样热情地对我,我哪能置若罔闻呢?学生以后向蔡公讨教的地方还很多,还请蔡公不吝赐教!"

蔡邕哈哈大笑,拍拍王粲的肩膀说:"我们家的各种藏书,只要你喜欢,可以随便拿。我们在一起,你不必拘于礼节,有什么事,就请直言不讳地说。有什么吩咐就对家丁讲,就当这里是自己家一样吧!"

就这样,59岁的蔡邕和少年王粲结成了忘年交。他们俩经常在一起看书学习,互相请教,被传为佳话。

处世智慧

一句话说得让人笑,一句话说得让人跳。多反省自己言行的方式,会获得益处。

59　涣卦：锦上添花不如雪中送炭

微言大义

涣:亨,王假有庙,利涉大川,利贞。初六 用拯马壮吉。九二 涣奔其机,悔亡。六三 涣其躬,无悔。六四 涣其群,元吉;涣有丘,匪夷所思。九五 涣汗其大号,涣王居,无咎。上九 涣其血去逖出,无咎。

涣卦,象征大水流散。亨通顺利。举行祭祀大典,君王亲自到宗庙祭祀祖先,利于涉越大川巨流,有利于占问。初六 乘强壮之马去拯济患难,十分吉祥。九二 大水流散,急忙奔向几案,以祭告神灵乞求佑助,困厄自会消亡。六三 大水冲及自身,并不会遭遇困厄。六四 大水冲散了众人,大吉大利。大水冲上山陵,水势汹涌,那情形不是平常所能想到的。九五 像发汗一般地发布君王的诏命,并疏散君王聚积的财富以济助天下万民,必无灾祸。上九 大水流散,能使忧患消除,惊惧排解,必无灾祸。

象曰:风行水上,涣。先王以享于帝,立庙。

《涣卦》中的"涣"有水流流淌之意,象征着组织和人心涣散。当然,它也象征着事业遭受了困境。在这个时候,人们不难分出谁是自己真正的朋友——有些朋友仅能做到锦上添花,共享富贵;而有些朋友却总是雪中送炭。

西汉末年,外戚王莽篡权称帝,搞得民不聊生,各地都纷纷举旗造反。公元22年,汉朝宗室刘秀在宛县起兵响应绿林起义军。

当刘秀率领起义军路过颍阳时,当地人王霸带领宾客拜谒,表示愿意追随他:"将军兴义军,窃不自知量,贪慕威德,愿充行伍。"刘秀见王霸慷慨,不同常人,也特予礼待,热情地接纳了他们。于是,王霸跟随刘秀,英

勇杀敌,击破王寻、王邑。不久,王霸因父亲老弱多病,便辞别刘秀回家侍

奉父亲。临别时,刘秀送与王霸许多金银,并嘱咐他安心在家侍奉老父。刘秀送王霸一段路程后,两人洒泪而别。

　　后来,刘秀带领大军赴洛阳,路经颍阳,便亲自去看望王霸。王霸深受感动,便请示父亲,想再去从军。父亲说:"吾老矣,不任军旅,汝往,勉之。"于是,王霸又跟随刘秀到了洛阳。

　　那时,刘秀还不是最高统帅,被起义军拥为更始皇帝的刘玄,对足智多谋、能征善战的刘秀十分猜疑。刘秀为了躲过杀身之祸,保存实力,便请求刘玄让他到河北去招抚各州郡义军,刘玄答应了。于是王霸随刘秀而去。

　　由于形势并不乐观,跟随刘秀的兵将,不少人担心刘秀成不了大事,怕白受罪,都纷纷不告而别。但这些都没有动摇王霸的意志,他依然忠心耿耿地保护刘秀。后来,走的人越来越多,人马逐渐稀少。渡过黄河以后,刘秀环顾四周,见身边只剩下王霸和少数几个亲兵,寥寥几人而已。刘秀拍着王霸的肩膀,深沉地说道:"颍川从我者皆逝,而子独留,努力!疾风知劲草。"

　　刘秀到达蓟县,还没有站稳脚跟,便听说盘踞在邯郸的王郎派兵捉拿他,军兵已到了附近。刘秀连夜仓促南逃。一路上,王霸尽心竭力地卫护,帮助刘秀脱离了险境。

　　后来,刘秀到达信阳,发兵攻打邯郸,王霸追击败军,被封为王乡侯,

183

易经的智慧

经过几年的征战后,刘秀做了皇帝,成了东汉的开国君主。但他仍然不忘王霸的忠心和才智,更加信任他了。

公元33年,王霸被任命为上谷太守。他也始终不忘刘秀对他的友爱之情和知遇之恩,倍加努力,孜孜不倦,恪尽职守。王霸亲自同士兵们一起修治飞狐道,筑起亭嶂,从代城一直延伸到平成,全长三百多里。他亲自带兵冲锋陷阵,身经百战,为巩固和保卫中原做出了卓越的贡献。

一个人成功的时候,你再夸奖他几句,或者说他整天吃大鱼大肉,你再给他送点鱼、肉之类的东西,让他本来就美好的生活变得更加美好,他会谢你,但不一定记住你。但是,一个人失败的时候,你鼓励他几句,他身处苦难的时候,你帮他一把,他会因此记住你一辈子。

处世智慧

朋友这种关系,美在锦上添花,贵在雪中送炭。雪中送炭之事宜多做,锦上添花之事能不做就不做。

60　节卦：成由节俭败由奢

微言大义

节:亨;苦节不可贞。初九 不出户庭,无咎。九二 不出门庭,凶。六三 不节若,则嗟若,无咎。六四 安节,亨。九五 甘节,吉,往有尚。上六 苦节;贞凶,悔亡。

节卦,象征节俭。举行祭祀大典,如果以节俭为苦事因而不肯节俭,则不可占问。初九 足不出内院,没有灾祸。九二 足不出前院,必有凶险。六三 度日不知节俭,则会导致嗟叹伤情,不过并没有灾祸。六四 安于节俭,亨通顺利。九五 以节俭为乐事,可获吉祥,有所举动必将得到奖赏。上六 以节俭为苦事而不肯节俭,占问必有凶险,但困厄却会自行消失。

象曰:泽上有水,节。君子以制数度,议德行。

《节卦》是异卦,(下兑上坎)相叠,兑为泽,坎为水。泽之水流有限,多必溢于泽外。因此,凡事要有节度,故称节。《节卦》的核心思想是讲节度,主要表现在修身齐家治国等层面,同时,《节卦》也包含节俭的思想,这主要指财用等日常生活方面,正如六四中所说,"安节,亨"意思是说,一个人如果善于节制自己,办任何事情都会很有分寸,那必定会很亨通。波斯著名诗人萨迪曾经说:"谁在平日节衣缩食,在穷困时就容易过关;谁在富足时豪华奢侈,在穷困时就会死于饥寒。"我国南宋爱国主义诗人陆游也曾说过:"天下之事,常成于勤俭而败于奢靡。"可见,几千年来,节俭一直都被人们所推崇,认为它是持家、致富的良方,更是我们中华民族最优良的美德。

唐玄宗执政前期,在他本人身先士卒、提倡节俭的影响下,许多大臣

易经的智慧

也奉公守法,俭约风气流行了许多年。《资治通鉴》中曾有这样的记载:检校吏部尚书兼黄门监卢怀慎,为官清廉谨慎,生活节俭朴素,从不谋求资财产业。虽然身居高位,但常将得到的俸禄和赏赐周济亲朋故旧,连他自己妻子儿女的生活也不能免于饥寒,他所住的房子也因长期失修而难以遮风挡雨。716年,卢怀慎因病去世。因为家没有积蓄,只有一个老奴仆,这个老奴仆只好要求卖掉自己以给卢怀慎办丧事。正由于玄宗执政前期采取了任贤用能、勇于纳谏、整顿吏治、抑制奢靡和提倡节俭等许多措施,开元年间,唐朝政治清明,经济繁荣,社会稳定,百姓安居乐业,这一时期在中国历史上也被誉为"开元盛世"。

然而,长期的社会稳定和经济繁荣使唐玄宗慢慢骄奢懈怠起来,他再也听不进不同的意见,逐渐疏远敢于犯颜直谏的大臣,"以为天下无复可忧,遂深居禁中,专以声色自娱"。史料记载,为了满足唐玄宗的奢欲,江、淮南等地方的官吏霸占百姓的耕田,挖掉百姓的坟茔,自江、淮至京城,把浐水引抵皇宫东面的望春楼下,以聚江、淮运船,工程所过之处百姓怨声载道。唐玄宗还为讨杨贵妃欢心,安置七百多名绣工专门为杨贵妃织绣。朝中的官员们也都"争献器服珍玩,天下从风而靡"。杨贵妃喜欢吃荔枝,玄宗就命令岭南的官员每年都通过官驿,昼夜兼程把新鲜的荔枝送到长安城,"比至长安,色味不变。"《资治通鉴》记载,当时的王公贵戚竞相以给皇帝进献食物为时尚,每次进献的水陆珍馐都有数千盘,一盘的费用相当于十户中等人家的财产。在奢侈之风影响下,皇亲国戚、贪官污吏们竞相效仿,杨贵妃的三个姐姐被加封以后,仗着玄宗的恩宠,肆无忌惮地收受贿赂,到她们家行贿的人以至于"门庭若市"。杨氏三姐妹还竞相建造豪宅,极为奢侈豪华,一间厅堂的花费就常常超过一千万钱。

晚年的唐玄宗自以为天下太平、高枕无忧,于是专门以声色自娱,把政事交给奸臣李林甫和杨国忠。李林甫杜绝言路、嫉贤妒能、屡起大狱,"在相位十九年,养成天下之乱",唐玄宗却始终没有醒悟。755年,由于社会矛盾激化,唐玄宗最器重的大臣安禄山起兵在范阳造反。756年5月,安禄山兵指长安,百官朝者十无一二,唐玄宗带领家眷及几千军士

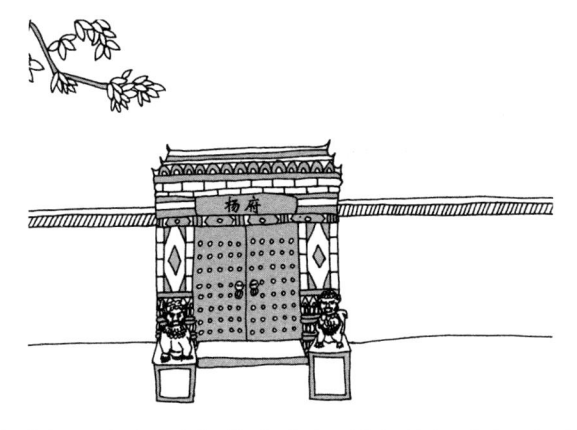

出长安,逃往成都。途中,随行将士哗变,愤怒的军士们杀了杨国忠和他的儿子等人,又逼迫玄宗勒死了杨贵妃,唐玄宗最后逃到成都避难。强盛一时的大唐王朝从此开始衰落。

司马光曾点评道:"唐明皇即位之初,为了治理好国家,率先励精图治,节俭自励,到了晚年仍然不免由于奢侈腐化导致国家衰败;奢靡享乐对于人的腐蚀和使人堕落实在是太容易、太厉害了!"《诗经》上也有说道:"靡不有初,鲜克有终。"对此,怎么可以不慎之又慎呢!

处世智慧

养成勤俭节约的好习惯,定期地给自己一些储蓄,要知道财富是一点一点地积累起来的。有了积蓄,才不至于困难来临时无以应对。

61 中孚卦：言必行，行必果

微言大义

中孚:豚鱼吉。利涉大川。利贞。初九 虞吉,有它不燕。九二 鸣鹤在阴,其子和之;我有好爵,吾与尔靡之。六三 得敌,或鼓或罢,或泣或歌。六四 月几望,马匹亡,无咎。九五 有孚挛如,无咎。上九 翰音登于天,贞凶。

中孚卦,象征内心诚信。用豚和鱼祭祀祖先,可获吉祥。利于涉越大川巨流,利于占问。初九 安守诚信之德则可获吉祥;但是如果另有他求则不得安宁。九二 鹤在树荫之下鸣叫,小鹤应声相和;我有美酒一杯,愿与你共享其乐。六三 遭遇强劲的敌手,有时击鼓进攻,有时疲惫不前,有时悲愤饮泣,有时慷慨高歌。六四 在既望之日,走失一匹良马,是没有什么灾祸。九五 胸怀诚信并系恋他人,没有灾祸。上九 鸡鸣之声响彻天宇,占问则必有凶险。

象曰:泽上有风,中孚。君子以议狱缓死。

《中孚卦》中的"孚"本义孵,指孵卵出壳的日期非常准确,有诚信之意。此卦卦象外实内虚,喻心中诚信,正如初九上所说,"虞吉,有它不燕",只要守住诚信,那就吉祥了。古语有云:"言必行,行必果。"只有言出必行,重承诺才能带来积极的效应。反之,一个人如果背弃诺言,出尔反尔,就不会再有人愿意相信他帮助他,更别提得到成功了。

仲由,字子路,是孔子七十二贤徒之一,在孔门四科(德行、政事、言语、文学)中,以政事一科出众。

子路早年性格粗鲁,为人孔武有力,他经常恃勇欺负孔子。孔子以礼

法训诱他,子路被折服,便穿上儒衣,做了孔子的弟子。

后来,子路做了卫国大夫孔悝封邑的总管,卫国先前出逃的太子蒉聩和孔悝合谋作乱,围攻卫出公。孔悝作乱时,子路正在外面,听说后马上赶去,遇到子羔守卫城门。子羔告诉子路说:"主公已经出逃了,城门也关闭了,你可以回家了,别白白赶去受祸。"子路却说:"食人家俸禄的不能躲避人家的祸难。"便入城去平乱,结果被乱兵杀死,剁成肉酱。孔子听说后,让人把厨房的肉酱倒掉,以后终身不吃肉酱。

赵憙是东汉初期南阳宛人,他少年时就以风节操行闻名。他的堂兄被人杀害,堂兄无子,赵憙当时年仅15岁,便带着兵器领着一群宾客,前往仇家报仇。而仇家的人都生病卧床,无人可以反抗,赵憙不愿意杀无力反抗的人,便放弃这次复仇机会,告诉仇家说:"你们病好后,远远地避开吧,别让我找到。"

更始帝即位后,舞阴县有一个姓李的大姓宗族拥城不肯投降,更始帝派柱天大将军李宝前去招降。姓李的见到李宝说:"听说宛县赵憙信义卓著,如果他来我就投降。"

更始帝便把赵憙找来,赵憙年仅20岁,更始帝怀疑地说,这还是个小牛犊,岂能负重致远?便任命他为郎中,行偏将军事,前去舞阴招降。赵

易经的智慧

熹一到城下,李姓宗族便打开城门投降。

赵熹以信义降城的事很多,后来更始政乱,被赤眉攻破长安,更始的家眷都流离道路,身上的衣服也都被抢掠。赵熹看到后悲伤感怀,把自己携带的金银衣服粮食分给这些女人,并一路护送她们返回故乡。

后来,光武帝刘秀建号称帝,在宫中召集亲眷宴会,那些被赵熹搭救的夫人们都纷纷称赞赵熹的仁义恩德。

光武帝也很欣赏赵熹,后来征召他到朝中做太仆。光武帝对赵熹说:"你不但被天下英雄所保举,连女人都感怀你的恩德。"光武帝赏赐他许多财物,后又封他为关内侯。

子路食人之禄,不避人之祸,正是古时忠臣义士所奉行的忠信。

赵熹生逢乱世,年纪虽小,却能以诚信仁义闻名于天下,确属难能可贵。诚信仁义并不只是一个人的人格体现,更是一种力量,这种力量有时不仅能降服一城一地,甚至能赢得一个国家人民的爱戴。

处世智慧

"诚者,天之道也;思诚者,人之道也。"诚信的力量是无穷的,可以使人在最需要的时候得到最真诚的帮助。言而无信者最终的结果将是作茧自缚。

62 小过卦：每日自省吾身

微言大义

小过：亨,利贞;可小事,不可大事;飞鸟遗之音,不宜上,宜下,大吉。初六 飞鸟以凶。六二 过其祖,遇其妣;不及其君,遇其臣,无咎。九三 弗过防之,从或戕之,凶。九四 无咎,弗过遇之;往厉必戒,勿用,永贞。六五 密云不雨,自我西郊;公弋取彼在穴。上六 弗遇过之,飞鸟离之,凶,是谓灾眚。

小过卦,象征小有过越。亨通顺利,利于占问,可以做寻常小事,不可做军国大事;飞鸟过去以后,其鸣遗音不绝,此时不宜向上强飞,而宜于向下安栖。大吉大利。初六 飞鸟带来凶险兆头。六二 越过祖父,而与祖母相见;不到君王那里,而与臣仆接触,没有灾祸。九三 不肯严加防范,就有遭人杀害的危险,必有凶险。九四 没有灾祸,不可过分求进而强与他人遇合。有所举动便有危险,必须加以警戒。占问长久之事,筮得此爻不可施行。六五 浓云密布却不降雨,云气从自己城邑的西郊升起,王公打猎射中了一只飞鸟,追到一个洞穴才在里边找到它。上六 不可过分求进而强与他人遇合,因为这样有如飞鸟容易被射中、捕获,十分凶险——这就叫做灾祸。

象曰：山上有雷,小过。君子以行过乎恭,丧过乎哀,用过乎俭。

《小过卦》是异卦(上艮下震)相叠,艮为山,震为雷,过山雷鸣,不可不畏惧。此卦告诉我们,在遇到困难时,不管是在学习上,还是工作中,都应当进行自我反省,寻找并克服自身存在的问题,从而进一步充实完善自己的道德和才能,而不应怨天尤人,裹足不前。

易经的智慧

人不可能不犯错误，因而，人要经常反省自己的思想和行为，以严格的道德标准检视自己思想和行动中的对错，要搞好自我批评，及时更正自己的错误。孔子有一个学生叫曾参，即曾子。曾子曾经说过这样一句话："吾日三省吾身：为人谋而不忠乎？与朋友交而不信乎？传不习乎？"意思就是说，我每天多次反省自己，替人家谋虑是否不够尽心？和朋友交往是否不够诚信？老师传授的学业是不是反复练习实践了呢？曾参是孔子的得意门生，深得孔子的真传。"四书五经"的"四书"中的《大学》就是他写的，据说《孝经》也是他的著作。可见曾子是一个很有成就的人，在儒家思想史上他也算得是一个有重要贡献的人。

曾子所说的"三省"虽然是极其普通寻常的事，但确实是容易忽视的事。这"三省"说了两个方面的事：一是修己，一是对人。对人要诚信，诚信是人格光明的表现，不欺人也不欺己。替人谋事要尽心，尽心才能把事情做好，才能得到别人的信任，这是为人的基本德性。修己不能一时一事，要贯穿整个人生，要时时温习旧经验，求取新知识，不能停下来，一停下来，就会僵化。

"吾日三省吾身"，这是一句非常有名的古训。遵循这句古训对自己的思想言行及时反省，可以达到察得失、明事理、促提高的目的。只有不断地反省自我，努力做到"慎独"，才能成为一个高尚的人。

从前，日本有个花匠，为了养家糊口，他总会时不时地做些花匠活儿。然而那时，这一行在日本并不景气，他几乎有很长一段时间都找不到活儿。没有活儿，他就没有收入，他家的生活越来越贫困。在困顿之际，他拜访了一位靠教拉丁语为生的流浪学者。花匠向他询问应该做什么事情来养家。

流浪学者回答道："你做一名教师吧。"

"教师？"花匠听后大吃一惊，"可是，我只会干体力活啊，平时连说话都说不好，怎么干得了教师这个职业呢？您别拿我开玩笑了。"

学者却非常严肃地说："不，我是认真的。我再重复一遍，你去做教师吧。你可以跟着我学习拉丁语，我会教你成为一名合格的教师。"花匠连声说:"不,不,不,我办不到。我都是快 40 岁的人了,在这个年龄段,大脑开始退化,已经不适合学习了。再说了,我就会干体力活,根本就不是做教师的料,我成不了教师的。"

花匠说完,转身走了。他到处找花匠活儿干,但走遍了周边的城镇,也没有找到工作。不得已,他又回到了流浪学者那里,说:"我实在找不到活儿了,不然,我还是听从您的安排,跟您学习拉丁语,准备做教师吧。"

于是,花匠拜学者为师,学习拉丁语。

在学者的指导下,花匠成了一个才智杰出、思维敏捷、善于运用所学知识的人。他很快掌握了基本的语法知识、句子结构和组句规则,还花了很大精力学习拉丁语的发音。不久,学者认为他可以去教授别人拉丁语了。这时,刚好有一个招聘拉丁语教授的广告,学者就推荐花匠去应聘,结果他被录取了。

通过这个故事,我们可以知道,人要时时刻刻从自身寻找原因,不但要重视处在各种关系中的个人,也要反省自己,到底适合做什么,当这条路走不下去的时候,尝试着换一条路,这样才能给自己带来价值与成功。

人们常讲,要善于做批评和自我批评。批评人谁都会,但能够作自我批评和敢于作自我批评的人却少得可怜。然而,这少得可怜的人却都成

易经的智慧

为各行各业的佼佼者,这都是自省吾身而获得的成就。

处世智慧

每日自省,应该成为每个人的必修课。懂得自省的人不但可以及时发现自己的不足,更能增加自己的人格魅力。

63　既济卦：未雨绸缪

微言大义

既济:亨,小利贞;初吉终乱。初九 曳其轮,濡其尾,无咎。六二 妇丧其茀,勿逐,七日得。九三 高宗伐鬼方,三年克之,小人勿用。六四 繻有衣袽,终日戒。九五 东邻杀牛,不如西邻之禴祭,实受其福。上六 濡其首,厉。

既济卦,象征事功已成。亨通顺利,利于占问小事。最初吉祥,最终危乱。初九 拖拉着车轮前行,水打湿了车尾,但是并无灾祸。六二 妇人丢失了首饰,不要去寻找,七日之内自会失而复得。九三 殷高宗兴兵讨伐鬼方之国,历时三年才打败了它;事关重大,不可重用小人。六四 华服行将变成破衣,应当终日戒备以防灾祸。九五 东方邻国杀牛举行盛大祭祀,不如西方邻国只举行比较简朴的祭祀那样实受天福。上六 水沾湿了车头,必有危险。

象曰:水在火中,既济。君子以思患而豫防之。

《既济卦》是异卦,(上离下坎)相叠,坎为水,水火相交,水在火上,水势压倒火势,救火大功告成,"既"已经,"济"成也。"既济"就是事情已经成功,但是终将发生变故,《既济卦》象征事情已经成功,它指出君子应该有远大的目光,在事情成功之后,就要考虑将来可能出现的种种弊端,防患于未然。

正如《既济卦》的卦象上所说,"君子以思患而豫防之",意思是说有智慧的人能够意识到在已经成功的事情中潜伏着的隐患,所以在未忧患之时"思患",预为防备,以保"初吉",防患"终乱"。用一句成语来解释,就是"未雨绸缪"。

唐代郭子仪平定安史之乱后,经肃宗、代宗、德宗几代,屡建战功,被封为汾阳王,功高盖主。但是他的王府的大门却总打开着,任人出入,不

易经的智慧

闻不问。他麾下有个将军离京赴职,前来告辞。看见他的夫人和爱女正在梳妆,叫郭公拿毛巾,端洗脸水,和使唤仆人没有什么两样。后来他的儿子们一齐来劝谏,他不听,他们就哭着说:"父亲大人功业显赫,身份尊贵,怎么可以让所有的人不分贵贱都可以进入您的卧室呢?即使圣人也没有这样做的,您这样做不是太不尊重自己了吗?"郭公笑着说:"你们根本不知道我的用意,我的马吃公家草料的有五百匹,奴仆靠公家养活的有一千多人。我没有什么可追求的,也没有什么可仗恃的。我已功高遭忌,人家随时都想陷害我,假如我们修筑高墙,关门闭窗,不与他人来往,这就为想陷害我的人找到了口实。那么我全家九族就危险了,那时后悔就来不及了。现在我坦荡无邪,四门大开,虽然有人想用逸言诋毁我,但找不到借口加罪于我。"几个儿子听了,都拜倒在地,佩服父亲的深谋远虑。正是如此,那些企图陷害郭子仪的小人们一直都没有得逞。

处世智慧

　　灾害常生于疏忽,祸患多起于细末。小中见大,及时发现隐患,才能化险为夷。

64 未济卦：人贵自知

微言大义

未济:亨;小狐汔济,濡其尾,无攸利。初六 濡其尾,吝。九二 曳其轮,贞吉。六三 未济,征凶;利涉大川。九四 贞吉,悔亡;震用伐鬼方,三年有赏于大国。六五 贞吉,无悔;君子之光。有孚吉。上九 有孚于饮酒,无咎;濡其首,有孚失是。

未济卦,象征事功未成。小狐狸渡河接近成功,却沾湿了尾巴,没什么好处。初六 沾湿了尾巴,将有艰难之事发生。九二 向后拖拉轮而不使猛进,占问可获吉祥。六三 事功未成,急于求进,必有凶险。但利于涉越大川巨流。九四 占问则获吉祥,困厄将会消亡。兴兵讨伐鬼方之国,三年获胜而受到大殷国的封赏。六五 占问则获吉祥,不会遭遇困厄。君子的光辉在于忠诚信实,具有这种美德十分吉祥。上九 心怀诚信而适度饮酒,并没有灾祸,但是酗酒而喝得酩酊大醉,虽然诚信却有失正道。

象曰:火在水上,未济。君子以慎辨物居方。

《未济卦》是《既济卦》的综卦,上坎下离,离为火,坎为水,火向上炎,水往下润,两两不相交。济,成功也,顾名思义,"未济"就是没有成功,因此,《未济卦》喻指事情尚未完结,还要向前发展。

人生不可能永远顺遂,当遭遇困难时,切忌莽撞躁进,或消极颓废,而是应该培养自己适应困难的能力,安分守己,等待时机,懂得忍耐并不是委屈自己,而是在这段对自己较为不利的期间,做好万全的准备,反躬自省,深切检讨,并加以改进,以待他日重整旗鼓。

南朝宋文帝刘义隆在位时,年轻博学的孔熙先任员外散骑侍郎。然

易经的智慧

而,孔熙先却不满身居人下,常对此抱怨,认为自己怀才不遇。

一次,孔熙先和上司谈论文学,上司不懂装懂,结果出错。孔熙先毫不客气地对上司说:"做官和治学是不同的,做官讲究顺应上意,随机应变,而治学要严谨无误,知之为知之,不知为不知。下官看来,大人只宜当官,不可涉及治学一道。"孔熙先语含讥讽,上司怀恨在心,平添了对他的许多责难。

孔熙先心中愤怒,却无法发泄,整日愁苦万端。一日,他和朋友饮酒,几杯过后,孔熙先红着眼说:"人在贱位,还不如畜生。我孔熙先是什么人,怎能甘居下人呢?我决定了,大丈夫应当做大事,即使因此死了,也死得其所。"朋友以为他醉酒,遂没有和他争辩。孔熙先却因朋友不肯附和自己,和朋友断绝了关系。

孔熙先很久也得不到升迁,怨恨日积月累,竟有谋反之意。他迈出的第一步,就是拉拢时任左卫将军、太子詹事的范晔。史学大家范晔因受宋文帝的斥责,心中一时难免怨气,说了一些牢骚话,孔熙先便千方百计地拉拢他。他先在范晔的外甥、太子中舍人谢综身上搞感情投资,然后指使谢综为他牵线与范晔结交。孔熙先家原来很富有,他让谢综将范晔引到家里后,便与范晔玩牌赌钱,孔熙先佯装牌艺太拙,一输再输。范晔在孔家大把大把地赢钱,心里很高兴,一来二去,来往便越来越密切。孔熙先本来就擅长辞令,他百般讨好范晔,二人遂成莫逆之交。一次,孔熙先对范晔说："大人的能耐绝不在他人之下,为什么会反居一些无能之辈之后呢?"

范晔想了想道："朝廷有许多奸人,总是无事生非,皇上被他们蒙蔽了。"孔熙先阴冷一笑,挑拨说:"没有皇上默许,那些奸人是不敢难为你的。皇上表面上对你亲厚,可终究不愿和你家通婚,这是明摆着的不信任,你不要再糊涂下去了。"不停地挑拨和拉拢,范晔终于入套,加入了孔熙先的谋反阵营。

孔熙先的父亲孔默之曾任广州刺史,因贪赃枉法被贬下狱,幸得彭城王刘义康说情担保才得以赦免。孔熙先记住了这段旧事,便公然打着刘义康的名号,暗中招集人马,为谋反做准备。

但是,由于有人告密,孔熙先、范晔未及发难便被捕获。孔熙先并不抵赖谋反之事,他愤愤地对审讯自己的官员说:"我的才干足以出将入相,皇帝却只让我当个散骑侍郎,我为什么不谋反呢?"官员呵斥他说:"你连自己吃几碗干饭都不清楚,居然还想拜相,就等着杀头吧!"不久,孔熙先及其同党就伏法了。

世上万物,都有自己的长处和短处,然而,能否知道自己的长处和短处,却不容易。其实,这种"自知之明"就是透彻地了解自己,对自己有正确的估计,了解自己的优势和劣势,从而,以自己的条件决定去干什么,不去干什么。用理智的方略选择目的或理想,其成功的几率就高得多了。

处世智慧

"知人者智,自知者明。"正确地估计自己,既不过分高估自己、眼高手低,也不贬低自己,大材小用。如此,才能制定正确合理的人生目标,最终实现人生目标。